Maurille Bonace CHOUAMOU

L'identité Spirituelle

AF534911

Maurille Bonace CHOUAMOU

L'identité Spirituelle

Sauver des vies en faisant table rase de la Sorcellerie à la lumière des Saintes Écritures

Éditions Croix du Salut

Imprint
Any brand names and product names mentioned in this book are subject to trademark, brand or patent protection and are trademarks or registered trademarks of their respective holders. The use of brand names, product names, common names, trade names, product descriptions etc. even without a particular marking in this work is in no way to be construed to mean that such names may be regarded as unrestricted in respect of trademark and brand protection legislation and could thus be used by anyone.

Cover image: www.ingimage.com

Publisher:
Éditions Croix du Salut
is a trademark of
Dodo Books Indian Ocean Ltd. and OmniScriptum S.R.L publishing group

120 High Road, East Finchley, London, N2 9ED, United Kingdom
Str. Armeneasca 28/1, office 1, Chisinau MD-2012, Republic of Moldova, Europe
Managing Directors: Ieva Konstantinova, Victoria Ursu
info@omniscriptum.com

Printed at: see last page
ISBN: 978-620-8-86354-8

Copyright © Maurille Bonace CHOUAMOU
Copyright © 2025 Dodo Books Indian Ocean Ltd. and OmniScriptum S.R.L publishing group

SOMMAIRE

PREFACE

Maurille Bonace CHOUAMOU, Pasteur Missionnaire et Sacrificateur du Dieu très haut, appelé à témoigner Jésus-Christ, le véritable et enseigner les voies de l'Eternel dans la vérité. Je rends continuellement grâce au Dieu des cieux pour cet appel spécifique et honorifique. Il a plus aux cieux de me conduire dans les sentiers de la justice et de la victoire pour que je sois encore en vie et que je puisse publier ce second livre. Une publication inédite qui soulève le problème d'*identité spirituelle.* J'ai pris du recul au sujet des comportements humains et au regard de multiples oppositions ennemis auxquelles ses enfants font face, je me suis interrogé sur les différents vecteurs. Et Voici ce qui se cache derrière les agissements de l'HOMME qui n'est pas soumis à Dieu : Le serpent ancien ! Le but ultime pour moi est d'attirer l'attention sur un point essentiel du combat spirituel que les enfants de Dieu ignorent et que certains ont tendance à négliger. A savoir le prolongement de la main de Satan ou alors les équipiers de Satan notre adversaire. En dix-huit ans de Ministère, j'ai été confronté à de multiples agissements et comportements insolites, cruels et désinvoltes dans toutes les strates de la société. Au moment où j'écris à ce sujet, je fais face à de nouvelles formes de comportements et de méchanceté de la part des personnes bien aimées autour de moi, de personnes au-dessus de tout soupçon de ma part mais connus de Dieu comme des fils du malin. Cette découverte ne peut qu'enrichir mon expérience dans le Ministère et je glorifie le Seigneur pour m'avoir au temps marqué doigté mes adversaires proches. L'attitude et le comportement de mon entourage et surtout de plusieurs qui se disaient croyants ou *'chrétiens'* m'a poussé à m'interroger ardemment sur les mobiles qui motivent de tels agissements. J'ai été surpris quand le Seigneur m'a parlé du problème d'*identité spirituelle*. Il a vraiment fallu du temps pour que je réalise à quel point le cœur de l'Homme est tortueux. Et lorsque je me suis penché sur ce sujet, j'ai aussi compris réellement certaines déclarations du Seigneur à l'endroit de certaines personnes dans la Bible. En effet lorsque vous avez maîtrisé le dossier d'*identité spirituelle,* vous comprenez aisément le fonctionnement du monde et vous vivez mieux pour votre Seigneur. C'est un sujet à ne pas prendre à la légère car il est à la base de toutes les relations dans l'univers : Relations entre humains – Relations entre l'homme et Dieu – Relations entre l'homme et de diable – etc. Alors je me suis dit pourquoi ne pas partager cette connaissance pour sauver des vies ? Vous devez vraiment en prendre connaissance et en faire bon usage, à moins que vous vous sentiez indexés directement par ce qui va être dévoilé dans les pages suivantes. En effet le salut est individuel et tous n'en ont pas besoins car certains se sentent immortels de par leur nature induite, mais c'est par erreur. Même l'enfant de Dieu peut perdre son salut du moment où il le jette aux pourceaux.

INTRODUCTION

Ce sujet est absolument essentiel et important pour vous. Beaucoup plus important que la plus part de gens ne l'imaginent ! Il est en rapport direct avec l'existence de tout être humain. La question *d'identité spirituelle* se pose toutes les secondes dans le monde, face aux différentes actions et réactions humaines. Elle touche tout le monde et chacun doit savoir ce que cela veut dire pour lui et pour les autres selon la dimension de ses relations. *L'identité spirituelle* des gens autour de vous déterminera toujours quel genre de rapports vous pourriez avoir avec eux et à quelles fins aboutiront ces rapports. En effet plusieurs personnes le savent mais n'en parlent pas car elles ne veulent pas être perçues autrement et même rejetées surtout par leurs proches. Si vous voulez réellement savoir dans quel monde vous vivez, interrogez-vous sur *l'identité spirituelle* des gens autour de vous. En fait cette question *d'identité spirituelle* des autres, affecte directement votre destinée et peut par conséquent hypothéquer votre salut. Si vous êtes *Christien (disciple de Jésus-Christ comme il est convenable d'appeler car c'est la version francophone de CHRISTIAN)* ou pas, et vous n'avez pas encore résolu le problème épineux *d'identité spirituelle* ou simplement de SORCELLERIE, c'est que vous existez seulement en tant qu'un plat au menu de Satan : le petit *dieu* des sorciers hypocrites. Pour être franc et concret, parlant du dossier de la sorcellerie, il est question de reconnaître l'origine de la sorcellerie, sa dangerosité et la fatalité lié à cette nature humaine nocive. La sorcellerie est une pratique purement négative et nuisible à la vie humaine car elle est l'essence même du Diable. Ne voyez pas comme sa vulgarisation a pris d'assaut, internet et d'autres Mass Médias, c'est un signe précurseur de la fin des temps. C'est pour ainsi dire qu'il n'y a pas de bonne sorcellerie, contrairement à ce que croient certaines personnes naïves. Le sorcier ou la sorcière est une personne comme vous et moi, mais dotée d'une nature diabolique sur le plan spirituel. Une nature qui s'oppose à tout ce qui est bien et vénère tout ce qui est mal. La sorcellerie c'est du poison, une Carrie qu'il faut éviter de contracter. C'est avec ce corps spirituel qu'on appelle corps de démon que tous ceux qui sont du royaume des ténèbres agissent méchamment pour le compte de Satan. Le but recherché en publiant ce livre est de faire table rase de la sorcellerie à la lumière des Saintes Ecritures afin, non seulement de conforter les élus de Dieu dans leur position de sauvés ; mais aussi de sensibiliser toute personne simple ou juste comme le dit la Parole de Dieu, à chercher le salut de Dieu qui est Jésus-Christ. Au cas contraire, il n'y a pas d'issue favorable pour quiconque néglige l'action maléfique des adeptes de Satan qu'on appelle vulgairement les sorciers. La Bible utilise couramment pour les désigner les mots et locutions comme : - *Le Méchant – l'Ivraie – la Race de vipère – les fils du malin – les Magiciens/Magiciennes – les Astrologues – les Augures – les Chaldéens - les Faux ouvriers – les Faux prophètes/Fausse prophétesse – les Devins – les Nicolaïtes – les Menteurs - les Faux pasteurs – les Démons – les Enchanteurs – les Ensorceleurs – les Exorcistes – les ennemis - etc…*

1ère PARTIE : QUEL PERE ! QUEL FILS !

1- Car Ecriture…

2Timothé3.16 « Toute Ecriture est inspirée de Dieu, et utile pour convaincre, pour corriger, pour instruire dans la justice. » Ce que je développe tout au long des pages suivantes est entièrement prouvé dans les pages de la Bible. Pas n'importe quelle Bible, Mais le Version attestée par le Saint-Esprit – *Louis Segond 1910 Révisée, version dite à la Colombe.* Vous n'avez pas besoin de me croire sur parole, ouvrez votre Bible et prenez le temps non seulement de vérifier mais d'interroger Dieu à ce sujet. La Bible Parole éprouvée de Dieu, désigne le sorcier sous les ghildes de la méchanceté, ce dans quoi ils sont experts. La sorcellerie est tellement vrai et d'actualité que le lever et le coucher du soleil. Les deux Livres d'Alliances que contient la Bible sont toutes la Parole de Dieu. Ce ne sont pas des testaments, car l'auteur est vivant. Ce sont des théologiens de peu de foi qui ont surnommé ces livres ancien et nouveau testaments. Lorsque vous abordez la Bible avec des ouïes dires, vous ne pouvez pas la comprendre. Il faut la lire et la méditer comme Parole vivante, c'est-à-dire une Parole qui est en train de sortir à cet instant précis de la bouche de Dieu, de Jésus-Christ ou du Saint-Esprit pour vous. Une Parole qui s'adresse à vous et qui vous révèle ce que Dieu veut que vous entendez et que vous fassiez. Je précise ici que le Saint-Esprit est Dieu et non *'la puissance – la force de Dieu'* ou *'du feu'*, encore moins *'une colombe'*. Je le dis avec regret parce qu'il a été enseigné à certains enfants de Dieu par ignorance autre chose. Et cela est devenu une vraie entorse, une carie même dans leur vie Christienne. Vérifiez vous-mêmes dans la Bible, Le Saint-Esprit parle aux enfants de Dieu, enseigne les Enfants de Dieu, conseille les serviteurs attentionnés, reproche ceux qui veulent déraper, devient triste lorsqu'on se détourne de Dieu pour se prostituer avec des idoles muettes, devient joyeux lorsqu'on mène une vie d'adoration et de sanctification, ce que la colombe, le feu et la puissance ne peuvent faire. Jésus-Christ l'appelle le Consolateur, est ce que la force - la colombe et le feu consolent les humains.

2- Deux poids deux mesures !

Si ce n'est Dieu, c'est le diable… Car les deux sont esprits. L'être humain est fait de trois composantes : le corps – l'esprit et l'âme. Le corps est la partie physique faite de chair, de poussière qui retournera poussière. L'esprit et l'âme sont les composantes invisibles et immatérielles qui sont dans le corps. Parmi les trois composantes, l'esprit est la propriété de Dieu, IL est Esprit uniquement. C'est l'esprit que tout individu remet à Dieu, au moment de la mort. Des exemples Bibliques palpables sont les déclarations de Jésus et d'Etienne : *« Père, Je remets mon esprit entre tes mains.»* En effet l'être humain rend son esprit à la mort, il ne rend pas l'âme comme on le dit couramment. La mort est en fait la dissociation ou simplement la séparation entre l'esprit et l'âme. L'âme et le corps après la mort descendent au séjour des morts pour attendre l'une des deux résurrections révélées dans le livre d'Apocalypse. Alors si DIEU est Esprit comme le Fils de l'homme l'a si bien dit, c'est pourquoi pour l'adorer en esprit et en vérité il faut être vivant et donc avoir les deux composantes spirituelles de ton être en association: l'âme et l'esprit. Et maintenant avoir le Saint-Esprit en soi. Ce qui nous conduit à comprendre que c'est l'âme d'un individu qui est la véritable personne sur le plan spirituel. C'est cette composante qui est votre carte d'identité. L'âme est aussi esprit et peut prendre un aspect visible comme lors de la transfiguration et de certains phénomènes paranormaux initiés par des sorciers. C'est l'âme qui doit être sauvée, c'est elle qui est revêtue de blanc lorsque vous sortez des eaux de baptême. Il ne sert à rien de coudre les habits blancs pour couvrir le corps et allez s'asseoir sur les bancs le dimanche avec les méchants. L'âme peut être en bon état, je veux dire présentant une bonne carte d'identité, ou en mauvais état, corrompue, pervertie et symbole d'une mauvaise carte d'identité. Satan influence dans le spirituel, mais qui agit dans le naturel ? Avez-vous déjà vu Satan et ces démons dont la bible Parle ? Vous n'avez non plus vu Dieu ni ses anges restés fidèles à son service. C'est vrai, mais Dieu agit à travers les humains. Si Dieu le fait en tant qu'Esprit, Satan aussi l'imite très bien en tant qu'esprit tout de même. Pour dire couramment que Dieu a sur terre des hommes à son service, Satan aussi en a depuis fort longtemps. Ce sont ces hommes et femmes là qu'on appelle des sorciers et des sorcières. Il est donc question pour moi à ce niveau de pouvoir déterminer qui est sorcier et qui ne l'est pas. Les relations humaines sont toujours conditionnées indépendamment de votre volonté, par la nature des personnes mises en jeu. IL ne sert à rien de combattre Satan que vous ne voyez pas et vous laissez juste à côté de vous son serviteur qui vous pourri la vie par négligence, par honte, par peur ou par ignorance.

3- Ainsi Parle L'Eternel !

Comme je l'ai tantôt dit le dossier d'*identité spirituelle* concerne la *sorcellerie* sous tous ses aspects et ses pratiques quotidiennes, à tous les niveaux et milieux. Choisir consacrer un livre à la sorcellerie et non à Jésus-Christ paraîtra inapproprié pour certains lecteurs mal avisés. J'aurais bien voulu parler d'autres sujets, mais celui-ci est fascinant et propre à l'enseignement. Il vaut mieux dénoncer ce qui fait obstacle à l'évangile du salut, que de continuer dans la léthargie. Il est urgent de démasquer le diable afin que toute personne qui a le privilège de lire ces écrits, réfléchisse plus d'une fois sur ses relations avec les autres et de pouvoir surmonter les pièges du diable. Je suis particulièrement choqué de voir la faiblesse et la misère de l'Eglise de Jésus-Christ face à la ruse du diable. Faiblesse et misère dues au manque de discernement de la part des enfants de Dieu. Plusieurs personnes se trompent facilement sur ce que l'autre est parce qu'elles ne s'interrogent pas sur leur identité de la meilleur manière. *EsaÏe8.20 « A la loi et au témoignage ! Si l'on ne parle pas ainsi, il n'y aura point d'aurore pour le peuple »* J'ai la lourde responsabilité d'annoncer le monde de demain et de porter le salut jusqu'aux extrémités de la terre. Ainsi j'ai peur de broncher pour rien. Je préfère un petit troupeau de cent disciples justes que j'ai engendré que des millions de corrompus qui vont à la perdition. Plus le temps passe, plus le corps de Christ est délabré par des infiltrés qui se disent juifs et ne le sont pas. Les dénoncer et les exposer est une ordonnance du Seigneur… ! *Matthieu 13.34 « Jésus dit à la foule toutes ces choses en paraboles, et il ne lui parlait point sans parabole, 13.35 Afin que s'accomplît ce qui avait été annoncé par le prophète: J'ouvrirai ma bouche en paraboles, Je publierai des choses cachées depuis la création du monde. »* Ainsi on comprend aisément que le dossier de la sorcellerie est aussi vieux que le monde. Et dont la Bible n'a pas fait mention ouvertement en l'appelant sorcellerie. Etant donné que *« ...les choses révélées sont à nous et nos enfants, »* il est de mon devoir d'ouvrir cette boite et livrer son contenu à tous ceux qui veulent comprendre pourquoi le monde se trouve dans un état chaotique de nos jours. Notre Seigneur nous a demandé de publier sur les toits ce qu'il nous dit à l'oreille. Mais pour comprendre ce que le Seigneur te chuchote à l'oreille, il faut rester assis à ses pieds et être attentif. Depuis ma conversion au Christianisme et mon engagement dans le service, j'ai traversé des étapes que je n'avais jamais imaginées, j'ai pris le temps pour observer, analyser et comprendre le comportement des gens, et j'ai fini par poser la bonne question au Seigneur Jésus-Christ. Seigneur qu'est ce qui ne va pas avec ton Eglise ? Il m'a répondu : *« la sorcellerie ! Une question d'identité spirituelle. »* C'est ainsi que le Seigneur a commencé à me conduire dans les pages de sa Parole pour découvrir l'origine de la chose et son instigateurs. C'est ainsi que je m'aperçois que la graine de la sorcellerie a été semé le jardin d'Eden. Oui ! La sorcellerie est aussi vielle que l'existence de la première famille humaine. Tout comportement humain de manière naturelle ne peut être justifié que par deux états spirituels. Soit l'état juste ou simple, soit l'état méchant ou sorcier. Au cas où parmi les personnes mises en causes il y a des Christiens, un troisième état entre en jeu : celui de Dieu. Car Dieu est Esprit-Saint. Cela veut dire que derrière tout acte posé par un individu il faut rechercher quel type d'esprit a été à la base. L''esprit de l'homme, de Satan ou de Dieu ? C'est cela, détecter *l'identité spirituelle* de quelqu'un. Si à chaque moment où vous vous engagez avec quels qu'un vous connaissez déjà son identité sur le plan spirituel, vous aurez très moins de problèmes dans la vie. N'ayez pas peur de douter de qui que ce soit de questionner Dieu à ce sujet par rapport à la personne. Surtout les faux frères et fausses sœurs en Christ. Ne laisser aucune chance à l'ennemi d'infiltrer votre vie.

4- *Les rencontres entre personnes physiques*

Que se passe – il lors d'une rencontre physique ? Il est important de comprendre d'entrée de jeu que la rencontre entre deux personnes physiques est une rencontre entre au moins deux esprits ou deux personnes spirituelles. Ici nous allons nous attarder sur plusieurs cas de figure.

A- Lorsque *deux personnes simples* se rencontrent rien ne se passe dans le spirituel car les deux esprits humains se considèrent simplement comme des entités appelées à cohabiter ensembles. Il y a donc rencontre entre deux esprits humains. Il y a du respect et de la considération qui règnent.

B- Lorsque *deux personnes simples habitées par le Saint-Esprit*, ceux qu'on appelle des Christiens se rencontrent, ils sympathisent facilement car il y a harmonie entre leurs esprits humains et le Saint-Esprit. Il y a rencontre entre deux esprits humains dans la présence de Dieu. Cette rencontre est sans risque comme la première. Il y a du respect, de la soumission et de la crainte de part et d'autre.

C- Lorsque *deux sorciers* se rencontrent, ils se passent au scanner et se reconnaissent, sympathisent facilement car ils sont de la même nature. Il y a rencontre entre deux esprits humains et deux démons. Généralement le moins gradé tire révérence au plus gradé. Si non il y aura affrontement pour faire respecter la hiérarchie instituée par Satan, hé oui c'est un monde aussi hiérarchisé comme chez Dieu.

D- Lorsqu'une *personne simple* rencontre *un sorcier*, le sorcier la scanne sur le champ, discerne rapidement et cherche à dominer l'esprit humain simple. Il y a un conflit lent et malicieux qui s'installe. C'est la rencontre entre deux esprits humains et un démon ou esprit impur. Les sorciers ont les yeux spirituels constamment ouverts. C'est pour cela qu'il est inutile de cacher ta conversion au Christianisme lorsque tu as reçu le vrai baptême d'eau. Au même moment où vous sortez des eaux, Satan diffuse la mauvaise nouvelle dans tout son royaume à votre sujet. Le sorcier de votre famille est donc au courant. Vous pouvez cheminer avec une ami sorcier des années sans vous rendre compte de son identité réelle, mais lui il vous connaît depuis le premier jour de votre rencontre. Aussi longtemps qu'il ne vous veut pas du mal au point de vous tuer ou alors que vous ne vous interrogez pas sur son identité, vous ne saurez rien car Dieu lui-même ne vous dira rien. C'est ce qui justifie le fait que vous pouvez bien être élevés dans une famille où plusieurs membres - des parents sont sorciers. Et quand bien même les gens vous le diront vous deviendrez leurs ennemis, jusqu'au jour où le Seigneur Dieu voue le révèlera. En ce moment il faut être un chien pour refuser d'intégrer cela désormais dans votre vie et prendre les distances à l'égard de ce parent ou membre de la famille. C'est d'ailleurs mon cas personnel et je sais que la majorité des personnes sont dans cette situation où je me trouve.

E- Lorsqu'une *personne simple* rencontre une autre *personne simple possédée* par un ou plusieurs démons ou sorciers, l'esprit de la personne possédée reste inactive pendant que le/les démons qui sont en lui scannent et discernent celui avec qui ils ont à faire. Il y a effectivement rencontre entre l'esprit de cette personne simples et ces esprits sorciers là… La personne simple peut même être attaquée spirituellement par ces sorciers mais elle ne saura pas au cas où un problème surgit. C'est pourquoi certains secrets et beaucoup de confidences sont connus de tous. Tout simplement parce que la personne à qui on s'est confiées est possédée. En lui confiant vos secrets vous les confiez aussi aux démons qui sont en elle sans le savoir. Et plus tard lorsque ce sera dehors vous -vous plaindrez amèrement de cette dernière qui n'y est pour rien. Lorsque le sorcier habite en un individu, il est au courant de tout ce que l'individu en question dit et fait. Certains gouvernements utilisent cela pour l'espionnage industriel et le renseignement. De même que dans nos villages où les sorciers qu'on appelle couramment gardiens des traditions ou du village utilisent des totems pour la reconnaissance, la surveillance des frontières et le renseignement aussi. Une personne peut être possédée par un ou plusieurs sorciers, vivants ou déjà morts. Parce que lorsqu'un sorcier possède un individu et meurt, son démon continue à exister dans le corps de la victime. Mais une personne simple possédée ne sera jamais sorcière. Par contre un sorcier peut être possédé aussi par un autre sorcier plus puissant que lui. Je voudrais ici mettre l'accent sur le fait que ces sorciers sont des gens autour de nous et non des extraterrestres comme certains le pensent. Par exemple, un enfant peut être possédé par son père ou sa mère ou sa tante, son professeur, son petit ami, son frère, etc… Une femme peut être possédée par son mari et vice versa.

F- Lorsqu'une *personne habitée par le Saint-Esprit* rencontre une *personne simple*, c'est une rencontre entre l'esprit humain et l'Esprit de Dieu ou Dieu tout court. Alors l'Esprit-Saint examine la personne simple et cherche à la convaincre du péché et la guérir. C'est ce qui se passe de manière amplifiée lors de l'évangélisation. Le Saint-Esprit non seulement cherche à s'emparer de l'esprit simple, mais cherche à demeurer avec la personne. Raison pour laquelle au cours de l'évangélisation réelle on conduit les gens à la repentance pour enfin susciter en eux la pensée de l'Eternité qui les conduira aux eaux des baptêmes et au salut de Dieu. Croire en Jésus-Christ est une œuvre physique commencée par l'homme et ponctuée par le Saint-Esprit, Esprit de vie et de Jésus.

G- Lorsqu'une *personne habitée par le Saint-Esprit* rencontre *une personne possédée*, il y a directement une guère spirituelle qui s'installe. Le Saint-Esprit veut mettre hors d'état de nuire le ou les démons présents dans le corps en sa présence. Ces démons aussi sont directement au courant que les choses vont tourner mal car Jésus-Christ est là…C'est ce qui explique certaines transes lors d'une rencontre, surtout avec un Christien rempli du Saint-Esprit, un serviteur ou servante de l'Eternel. C'est aussi ce qui se passe avec nous, les vrais Pasteurs tous les jours. Lorsque je rencontre un malade, étant donné que derrière toute maladie se cache un esprit impur, l'Esprit – Saint entre directement en action de délivrance en vue de la guérison. Lorsque je rencontre un possédé je me rends compte rapidement même seulement en causant au téléphone avec la personne. Le témoignage du Saint-Esprit est là pour faire comprendre à notre esprit à qui nous avons à faire. Par contre chez les sorciers, ce n'est pas Satan son dieu qui le renseigne de quoi que ce soit. C'est lui-même qui discerne car il a la nature de Satan. Les sorciers savent qu'ils sont des dieux c'est ça qui les rend orgueilleux à l'extrême. Le livre des Actes des Apôtres nous donne un exemple précis de *'la femme à l'esprit de Python'* qui n'était pas une sorcière amis une femme possédée par des sorciers pour qui elle faisait la divination et leur rapportait de l'argent. C'est ce que la majorité de faux prophètes et prophétesses font de nos jours, c'est ce que font de nombreux voyantes et médiums possédés par initiation sans être sorciers.

H- Lorsqu'une *personne habitée par le Saint-Esprit* rencontre *enfin un sorcier*, il y a un choc spirituel et le sorcier de peur d'être démasqué se recroqueville comme un mille pattes ou un escargot. Car il est souvent le premier à ouvrir ses yeux et scanner celui qu'il a en face. Mais dès qu'il ouvre ses yeux il voit Jésus-Christ et fléchis les genoux. C'est pour cela que les sorciers peuvent persévérer dans les assemblées des justes sans problème. Ils sont maîtres dans l'art du mimétisme. Les églises sont pleines de sorciers qui arrosent les gens de très belles paroles tous les jours, mais au juste ces sont des démons qui viennent dans les cultes chrétiens recueillir des bénédictions au détriment des enfants de Dieu. Je voudrai insister ici par exemple sur les cas concrets des pseudos évangélistes qui placent des hauts parleurs dans les marchés soit disant pour évangéliser. Ce sont des sorciers ou des calebasses vides, ils ne sont en aucun cas des évangélistes. La raison est simple et palpable : pouvez-vous imaginer combien de personnes peuvent être possédées dans un marché ? Ce qui est sûr même s'il n'y a qu'une personne, un vrai évangéliste se pointe au marché et commence à annoncer la Parole, le possédé va manifester et causer des gaffes sur les marchandises. Alors quels sont ces évangélistes qui prêchent dans les marchés et les carrefours, rien ne se passe, les démons disent plutôt *amen'oooooh ! Au nom de jésus !*

5- Que dire des rencontres spirituelles ?

La rencontre entre deux ou plusieurs personnes dans le monde spirituel pendant le sommeil, en songe ou bien en vision n'en est pas la moindre des rencontres. Les songes et les visions sont des moyens par lesquels Dieu parle aux gens certainement. Satan aussi utilise ce canal les jours dits de sorcellerie pour influencer négativement les décisions des gens. *Job33.14 «Dieu parle cependant, tantôt d'une manière, Tantôt d'une autre, et l'on n'y prend point garde. 33.15 Il parle par des songes, par des visions nocturnes, Quand les hommes sont livrés à un profond sommeil, Quand ils sont endormis sur leur couche. 33.16 Alors il leur donne des avertissements Et met le sceau a ses instructions, 33.17 Afin de détourner l'homme du mal Et de le préserver de l'orgueil, 33.18 Afin de garantir son âme de la fosse Et sa vie des coups du glaive. »* Mais il ne faut pas perdre de vue que le diable essaie aussi de détourner les gens en leur présentant des faussetés par rapport à leurs sujets de prières. Cela dit, il est tout de même important de ne pas négliger les songes et les visions. Quoiqu'il faut parfois interpréter les visions afin de les comprendre.

- ***Les songes et les visions***

Les songes sont directs te ne nécessitent aucune interprétation. Ce que vous avez vu ou entendu est tel que vous l'avez vécu et c'est une réalité spirituelle. Je prends un exemple si je me trouve en songe que le serpent m'a mordu : ce qui est arrivé sur le plan spirituel est vrai je suis mordu par un serpent spirituellement, donc je suis aussi contaminé spirituellement et si je ne prends pas des précautions pour annuler l'action de venin, je vais tomber malade d'ici quelques jours à cause du venin qui est en moi. Et mon examen de sang va bien montrer une forme de toxine dans mon sang. J'ai l'habitude de dire aux gens que *'c'est le spirituel qui compte'* ! Il est également conseillé de ne pas faire confiance à tous les sorciers qui prétendent interpréter les visions et les songes, ce sont des fils du malin. Chaque vision est spécifique et varie d'une personne à l'autre. En plus la compréhension de chaque vision va dépendre de l'heure et du jour où on la reçoit. C'est trop complexe, et il faut rester prudent pour ne pas se faire manipuler par des sorciers car ils s'introduisent même dans les visions de leurs ennemis pour les dérouter. Ce que je voudrai faire saisir ici c'est la réalité spirituelle de la présence des gens dans un songe ou une vision. Etant donné que cela se passe dans le monde des esprits, chaque personne qui s'y trouve l'est en esprit, y compris aussi les esprits qui peuvent s'y trouver. La vérité maintenant c'est que ce que vous y vivez est réel et engendre régulièrement des conséquences positives ou négatives dans le physique. Lorsqu'un profond sommeil tombe sur un individu, son corps est de repos sur le lit. Mais Dieu emmène son âme dans un univers spirituel pour vivre des situations indépendamment de sa volonté. Cela est différent du sorcier qui se couche et sort de son corps de son propre gré pour aller faire de la sorcellerie. Certains sont même capables de transformer leur corps physique en corps spirituel pour faire le voyage de sortilège. On ne cite pas ceux qui ont même de nombreux totems. Lorsque tu rencontres un sorcier dans un songe, c'est vraiment lui que tu as rencontré, vous vous êtes vus et tu connais ce qu'il faisait. C'est ainsi que au réveil, lors de la rencontre physique il peut adopter un certains comportement face à toi par rapport à ce qui s'est passé dans le songe. Le monde des esprits est plus réel et beaucoup plus complexe que le monde physique. Si tu affronte un sorcier dans le spirituel et tu le domines, dans le naturel il ne peut t'offenser. Si tu es victime d'accident dans le songe, tu te réveilles tu n'annule pas, tu le seras dans le naturel automatiquement. Les rencontres naturelles n'ont rien de différents des rencontres spirituelles, ces dernières sont même plus extraordinaires que les rencontres naturelles car l'esprit peut se retrouver à des endroits où le corps n'ira jamais. Pour les enfants de Dieu c'est très important de prendre au sérieux ce que Dieu te fait vivre en vision ou en songe. Seulement il faut d'autres connaissances comme celles des jours de sorcelleries pour éviter d'être manipulé par Satan. Ne perdez pas de vue que Satan aie la capacité de s'introduire dans votre sommeil et d'emporter votre âme pour aller vous tenter ou séduire. S'il l'a fait avec Jésus-Christ lors de la tentation au moment du jeûne au désert, il le fait avec tout le monde. Les gens interprètent mal les écritures à cause de l'influence mensonger des fils *'Jésus de Nazareth'*. Ce n'est pas un serpent physique qui est venu parler à Jésus, c'est Satan, le serpent ancien, et c'était dans le sommeil en songe. C'est ce qu'il continue à faire, les jours spécifiques de son calendrier que tu découvriras à la fin de ce livre.

6- Les rencontres de masse

Les réunions, les rassemblements, les campagnes d'évangélisation, les regroupements évènementiels sont des rencontres de milliers d'esprits confondus. Et lors de ces évènements il y a des échanges de tout genre dans le spirituel. Surtout en termes d'énergie. Vous êtes-vous déjà posé la question sur la quantité d'énergie dégagée dans les gradins lors d'un match de football, et à qui ça profite ? Cela profité au dieu de ce siècle bien sûr. Voyons le cas particulier d'une campagne d'évangélisation qui produit des effets immédiats, soit en termes de délivrance ou de théâtralisation en ce qui concerne les faux pasteurs. Lorsqu'un faux serviteur organise une campagne, il invite ses complices qui viendront faire du théâtre à tour de rôle et les gens admirent. *« Satan ne peut chasser Satan.»* Les vrais malades, possédés et tourmentés par des esprits impurs qui se présentent à la campagne rentrent bredouilles, car Satan peut faire manifester un démon, mais sans jamais l'expulser du temple qu'il occupe. Quand c'est un vrai serviteur qui organise une campagne, il y a délivrance réelle et instantanée. Il n'y a pas de protocole, s'il a en face de lui mille personnes possédées ou malades, le Saint-Esprit s'empare d'eux tous au même moment et la guerre est ouverte. En quelques minutes de prières avec

Autorité, ces esprits impurs démissionnent et le malade est délivré et guéri. Il faut savoir distinguer le film monté de toute pièce de la réalité que Jésus-Christ continue à faire de nos jours au travers ses serviteurs. Ce qui se montre à la télé de nos jours est à 99% faux. Je n'exagère pas ! Ils passent plus de temps à interroger leurs complices sorciers qu'à chasser réellement les démons. Un vrai homme de Dieu ne programme pas la délivrance, ni la prophétie ainsi que l'adoration comme on voit sur les plaques de églises. Là où le démon se manifeste le vrai serviteur le chasse. Tous les Ministres de l'évangile qui font le contraire de ce que le Christ faisait sont des faux ouvriers. Ils sont au service de leur ventre pour la honte de leurs âmes, ne les suivez plus !

7- Sorcellerie à la sauce chrétienne

De nos jours, les lieux de culte dits *'chrétiens'* sont devenus des synagogues de Satan. Les malades et les gens enquête de la spiritualité y vont sans s'interroger de *l'identité spirituelle* de celui qui officie dans les lieux. De même dans les vraies assemblées, les Pasteurs ne s'interrogent pas sur qui est qui parmi les disciples et même ceux qui se disent serviteurs. Les Pasteurs ne s'interrogent pas sur l'identité de tous ceux qui viennent vers eux au nom de jésus pour tisser des alliances. Dès que quelqu'un parle du nom de Jésus et raconte un témoignage monté de toute pièce, on l'appelle frère et on lui tend la main. C'est une très grave erreur de la part des vrais serviteurs de Dieu de croire que les sorciers ne peuvent pas fréquenter leurs milieux. La seule chose qui peut chasser les sorciers dans une Assemblée c'est la pratique de toute la Parole de Dieu. Ils veulent être au milieu des vrais disciples du Christ pour les détourner de la vraie voie tôt ou tard. Ils sont là pour bloquer les accomplissements et retarder la réalisation de certains projets. Les Christiens, je veux dire les vrais enfants de Dieu. Les vrais disciples de Jésus-Christ qui ne se sanctifient pas ne peuvent pas se défaire des sorciers facilement. Du moment où dans une Assemblée les gens se rassemblent au nom *d'un autre jésus*, comment voulez-vous que le vrai Jésus soit présent ? Il ne partage pas sa gloire avec les démons, ni les hommes. Le Seigneur définit son Eglise comme tout lieu de *rassemblement en son nom* de deux ou trois personnes. Mais jamais au nom de quelqu'un d'autre encore moins un rassemblement des sorciers. J'entends certaines personnes dire que là où les enfants de Dieu se réunissent, Satan viens aussi en prenant pour référence le livre de Job. C'est là encore une confession que les gens se rassemblent pour adorer Satan, alors ce ne sont pas des enfants de Dieu. Une Vraie assemblée est sainte car Dieu est Saint. Le démoniaque qui y entre doit être délivré même sans que quelqu'un ne prie activement sur lui. Un sorcier qui y entre doit être démasqué et refoulé. Dieu ne siège pas en compagnie de Satan. Le Psaumes1 Nous demande de ne rien avoir en commun avec les sorciers du moment où nous savons qu'ils sont des méchantes personnes. Psaumes1.1 *« Heureux l'homme qui ne marche pas selon le conseil des méchants, Qui ne s'arrête pas sur la voie des pécheurs, Et qui ne s'assied pas en compagnie des moqueurs, 1.2 Mais qui trouve son plaisir dans la loi de l'Eternel, Et qui la médite jour et nuit! 1.3 Il est comme un arbre plante près d'un courant d'eau, Qui donne son fruit en sa saison, Et dont le feuillage ne se flétrit point: Tout ce qu'il fait lui réussit. 1.4 Il n'en est pas ainsi des méchants: Ils sont comme la paille que le vent dissipe. 1.5 C'est pourquoi les méchants ne résistent pas au jour du jugement, Ni les pécheurs dans l'assemblée des justes; 1.6 Car l'Eternel connait la voie des justes, Et la voie des pécheurs mène a la ruine. »*

8- Un Appel Ministériel spirituel

Alors il est important pour moi après plusieurs années de recherche de vous éclairer sur ce qui se cache derrière les agissements des êtres humains, de vous parler de moi pour mieux vous parler de vous. Dieu connais qui il appelle au Ministère, car celui-là étais avec lui avant qu'il ne le forme dans le sein de sa mère. Au temps marqué, il le suscite pour accomplir un certain nombre de choses sur la terre en faveur des humains que dieu aime et veut sauver. Il l'établit avant qu'il ne sorte du sein maternel, car il sait d'avance que l'adversaire va vouloir s'opposer à l'accomplissement de son projet. C'est une vérité qui échappe à plusieurs personnes égarées et séduites qui s'arrogent les titres ecclésiastiques à tort et à travers pour les besoins de ventre et bas ventre. Lorsque Dieu t'appelle au Ministère, cela est publié spirituellement avant qu'il y ait manifestation physique dans les actes. Ce qui veut dire que Satan et tous les sorciers sont au courant et un plan de ton élimination s'échafaude immédiatement. Pour certains appelés spécifiques comme Moïse, Jésus-Christ, c'est à la naissance même que le plan machiavélique du diable entre en action pour que le nouveau-né soit systématiquement éliminé. Parce que le nouveau-né ou l'appelé représente un danger pour le royaume de Satan. C'est ce qui justifie la sévérité de la persécution que je traverse jusqu'à nos jours. En dix-huit ans de Ministère j'ai suffisamment gouté à la méchanceté pour être capable de dénoncer cela sans considération de personne. Ah oui ! La sorcellerie c'est comme un serpent à plusieurs têtes, lorsque vous coupez une tête, neuf poussent immédiatement à la place. Il faut avoir la chance de croire en Jésus-Christ et être appelé au Ministère en location comme moi. Vous comprendrez vraiment pourquoi Jésus a dit que les gens construisent le pays avec du sang. Vraiment, 8/10 Maisons sont des maisons des sorciers, construites avec du sang, dans lesquelles il y a des autels sataniques, des totems et toute sorte d'objets exotériques. Et dès que vous versez votre loyer sur de pareilles maisons, vous êtes obligés de vous exercer au combat spirituel. Dieu vous laisse dans cette situation pour vous forger. La persécution vous forme, vous aiguise, que vous soyez en location ou chez vous, les sorciers vont se lever contre votre confession de Foi et la guerre sera sans merci. Ce sont les sorciers qui sont maîtres dans la persécution. Je ne parle pas d'un cas comme celui de Saul de tarse qui étais zélé dans le Parti des Pharisiens et croyait bien faire pour la religion juive et même pour son Dieu. C'était d'ailleurs une volonté de Dieu pour un appel spécifique.

Lorsque je me converti en 2007, je suis directement sur les projecteurs de Satan et ses fils en particuliers ceux de ma famille. Heureusement pour moi j'étais préparé quatre ans durant par le Seigneur avant d'aller au baptême. J'observais déjà le sabbat, Par une profonde remise en question, je m'étais déjà débarrassé quelque peu des us et coutumes Bamilékés ainsi que des traditions des églises du monde.

9- Vous avez dit sorcellerie !

Alors dès que j'ai accepté abandonner tout pour servir Jésus le 18 Mars 2007 aux eaux de baptême sur les berges du Wouri, j'ai compris avec surprise que j'avais ainsi déclaré une guerre au royaume de Satan. Au fil des années contrairement à ce que je me disais – *'Tout ça va s'arrêter d'ici peu…'* Je me suis rendu compte que c'est une Guerre perpétuelle, un combat de la vie. J'ai fait face au Dragon, au Léviathan, au Faux prophète et à la Bête. En même temps j'étais un menu de tous les sorciers de ma famille avec mon propre père géniteur en tête. Mon propre père qui m'a combattu de toute son énergie de 2007 à 2019 avant que l'Eternel ne dise halte ! Je n'arrivais toujours pas à comprendre pourquoi il me combat en tant que pasteur et pourtant lorsque j'étais en classe de cinquième il a voulu et insisté que j'aille au séminaire pour devenir prêtre. Deux ans plus tard le Seigneur envoie devant moi mon épouse radiée de sa famille pour avoir choisi Jésus-Christ et osé dire que le Seigneur a fait d'elle mon épouse. Nous nous sommes unis sous la main puissance de Dieu, et à partir de cet instant un autre front était ouvert. Jeune Pasteur et peu affermi, j'ai perdu de vue que j'étais allés ainsi m'attaquer à une ruche d'abeilles sortilèges dans une autre famille qui devenait la belle pour moi. Voici que dix-huit ans plus tard je suis encore plus que persécuté par mon propre beau-père et deux de ses fils, pervertis à sa ressemblance, qui sont longtemps restés vautrés dans l'ombre contre mon couple. Quelle entente cordiale entre les Chaldéens ! Mon propre beau-père, ancien de l'église qui me reproche d'avoir épousé une fille bannie de sa famille et qui était surnommée la célibataire - d'avoir fait des enfants avec sa fille qui était baptisée la stérile - D'avoir récupéré mes enfants entre ses mains lorsque le Seigneur m'en a donné l'ordre au moment où il voulait les sacrifier à MOLOCK de son village – Qui refuse la dot avec détermination, possède ma femme avec ses démons et la sépare de moi, des enfants tout en exigeant le divorce. C'est Vraiment de la persécution comme le Seigneur me l'a fait entendre. Mon propre beau-frère, ancien de l'église qui en plus de deux décennies de mariage sans enfants demande à mon épouse de rejeter ses enfants et quitter le mariage. *Comment voulez-vous que j'appelle cela ? Amour – Compassion – vivre ensemble – quoi ?* C'est de la sorcellerie à outrance. En dix-huit ans de Ministère, j'ai été tenté dix fois par des faux pasteurs, empoisonné quatre fois par des ennemis de Dieu, mordu neuf fois sur ma couche par le scolopendre, placé en garde à vue par des menteurs quatre fois, des ennemis de la vision. J'ai été frappé d'AVC deux fois et je suis encore debout sans problème. Tant pis pour ceux qui cherchent leurs ennemis hors de leur famille. Sachez que si les sorciers de votre famille n'ouvrent pas ta porte et restent dehors, un sorcier étranger ne peut vous déranger, à moins que vous-même vous ayez attaqué ce dernier. Ecoutez ce que dit le prophète Michée à ce sujet : *Michée7.6 « Car le fils outrage le père, La fille se soulève contre sa mère, La belle-fille contre sa belle-mère; Chacun a pour ennemis les gens de sa maison. »* Donc rien ne m'étonne aujourd'hui face au comportement des miens. Je remercie encore et encore le Christ de les avoir exposés ainsi pour que j'éduque mes enfants dans la connaissance de leur *identité spirituelle* et qu'après moi il n'y ait pas de fausses notes. Oui Jésus sépare les gens en cas de sorcellerie rassemble les justes au sein de son Eglise. Il y a division lorsqu'il y a des sorciers dans l'assemblée, le groupe ou la famille. Ce qui est encore plus grave c'est le fait de se trouver obligé d'affronter les sorciers de part et d'autre et tout le temps. Ils sont dans tous les milieux même à l'Ecole Biblique je vous en conjure et plus nombreux que les justes. De fois je me demande si avec cette ampleur il y aura même un seul juste sur la terre à la seconde venue de Jésus-Christ. Parce que même le peu de juste qui persévère dans le monde est à l'étau de la séduction, de la perversion, de la misère et la vie chère : En effet Satan avec l'aide des gouvernements du monde est en train de mettre sur pieds un traquenard pour le peu de juste qui vit au milieu d'eux. La situation est déplorable, c'est l'inverse de ce que les gens croient en fait : c'est la minorité juste qui vit au milieu des sorciers. *Michée7.1 « Malheur à moi! Car je suis comme à la récolte des fruits, Comme au grappillage après la vendange: Il n'y a point de grappes à manger, Point de ces primeurs que mon âme désire. 7.2 L'homme de bien a disparu du pays, Et il n'y a plus de juste parmi les hommes; Ils sont tous en embuscade pour verser le sang, Chacun tend un piège à son frère. 7.3 Leurs mains sont habiles à faire le mal: Le prince a des exigences, Le juge réclame un salaire, Le grand manifeste son avidité, Et ils font ainsi cause commune. 7.4 Le meilleur d'entre eux est comme une ronce, Le plus droit pire qu'un buisson d'épines. Le jour annonce par tes prophètes, ton châtiment approche. C'est alors qu'ils seront dans la confusion. 7.5 Ne crois pas à un ami, Ne te fie pas à un intime; Devant celle qui repose sur ton sein Garde les portes de ta bouche. »*

2ème PARTIE : L'IDENTITE DE L'ANTICHRIST

La Bible nous parle de l'*Antichrist* et même de plusieurs *Antichrists*, si on vous demande qu'elle est son identité qu'allez vous répondre ? *Matthieu 24.24 « Car il s'élèvera de faux christs et de faux prophètes; ils feront de grands prodiges et des miracles, au point de séduire, s'il était possible, même les élus. »* Le faux christ est l'opposé du vrai Christ, et s'il s'oppose au vrai Christ c'est qu'il est son ennemi et par conséquent l'ennemi de ses disciples. *1jean2.18 « Petits enfants, c'est la dernière heure, et comme vous avez appris qu'un antichrist vient, il y a maintenant plusieurs antichrists: par là nous connaissons que c'est la dernière heure. 2.19 Ils sont sortis du milieu de nous, mais ils n'étaient pas des nôtres; car s'ils eussent été des nôtres, ils seraient demeurés avec nous, mais cela est arrivé afin qu'il fût manifeste que tous ne sont pas des nôtres. 2.20 Pour vous, vous avez reçu l'onction de la part de celui qui est saint, et vous avez tous de la connaissance. 2.21 Je vous ai écrit, non que vous ne connaissiez pas la vérité, mais parce que vous la connaissez, et parce qu'aucun mensonge ne vient de la vérité. 2.22 Qui est menteur, sinon celui qui nie que Jésus est le Christ? Celui-là est l'antichrist, qui nie le Père et le Fils. 2.23 Quiconque nie le Fils n'a pas non plus le Père; quiconque confesse le Fils a aussi le Père. »* C'est donc assez clair que ce sont des êtres humains et non des anges, nos frères et sœurs, nos semblables, d'autres ont même été comptés parmi nous comme disciples de Jésus-Christ pourtant des infiltrés. L'*Antichrist* c'est simplement le sorcier ou la sorcière. N'allez pas les chercher dans les courants religieux, ils sont tout près de vous et plus pire encore dans vos familles.

1- L'ivraie

Le Seigneur Jésus-Christ a évoqué ce sujet très préoccupant dans le livre de Matthieu, précisément dans Parabole de l'ivraie avec une explication plausible. Cependant les gens n'y font pas attention ? Pourtant il nous a bien fait comprendre que dans le monde il y a fondamentalement deux types de personnes. Le Blé qui est une bonne semence, symbole de bonne personne et l'ivraie qui est une mauvaise semence symbole de mauvaise personne. Alors qu'est ce qui fait que les gens passent tous à côte de cet examen ? Satan le dieu de ce siècle, parce qu'il veut maintenir les Gens dans l'ignorance pour mieux les égarer. *Matthieu13.24 « Il leur proposa une autre parabole, et il dit: Le royaume des cieux est semblable à un homme qui a semé une bonne semence dans son champ. 13.25 Mais, pendant que les gens dormaient, son ennemi vint, sema de l'ivraie parmi le blé, et s'en alla. 13.26 Lorsque l'herbe eut poussé et donné du fruit, l'ivraie parut aussi. 13.27 Les serviteurs du maître de la maison vinrent lui dire: Seigneur, n'as-tu pas semé une bonne semence dans ton champ? D'où vient donc qu'il y a de l'ivraie? 13.28 Il leur répondit: C'est un ennemi qui a fait cela. Et les serviteurs lui dirent: Veux-tu que nous allions l'arracher? 13.29 Non, dit-il, de peur qu'en arrachant l'ivraie, vous ne déraciniez en même temps le blé. 13.30 Laissez croître ensemble l'un et l'autre jusqu'à la moisson, et, à l'époque de la moisson, je dirai aux moissonneurs: Arrachez d'abord l'ivraie, et liez-la en gerbes pour la brûler, mais amassez le blé dans mon grenier. »*

Il est clairement établi ici que Satan notre ennemi sabote nos œuvres la nuit, c'est – à – dire en cachette aussi. C'est aussi la nuit que les sorciers travaillent, trafiquent et siègent, vous n'avez qu'à écouter leur totems hurler à la tombée de la nuit. Ils aiment les ténèbres car tout ce qu'ils font est honteux. Cela interpelle tous ceux qui combattent Satan sur le moment où il faut engager le combat spirituel. Ce qui est pertinent ici c'est que Jésus le présente comme celui qui est capable de semer dans un champ. C'est donc un habile imitateur, un pervers et méchant imitateur. *Matthieu 13.36 « Alors il renvoya la foule, et entra dans la maison. Ses disciples s'approchèrent de lui, et dirent: Explique-nous la parabole de l'ivraie du champ. 13.37 Il répondit: Celui qui sème la bonne semence, c'est le Fils de l'homme; 13.38 Le champ, c'est le monde; la bonne semence, ce sont les fils du royaume; l'ivraie, ce sont les fils du malin; 13.39 L'ennemi qui l'a semée, c'est le diable; la moisson, c'est la fin du monde; les moissonneurs, ce Sont les anges. » Matthieu 13.40 « Or, comme on arrache l'ivraie et qu'on la jette au feu, il en sera de même à la fin du monde. 13.41 Le Fils de l'homme enverra ses anges, qui arracheront de son royaume tous les scandales et ceux qui commettent l'iniquité: 13.42 Et ils les jetteront dans la fournaise ardente, où il y aura des pleurs et des grincements de dents. » Matthieu13.43 « Alors les justes resplendiront comme le soleil dans le royaume de leur Père. Que celui qui a des oreilles pour entendre entende. »*

L'explication de cette parabole est sans équivoque. Ce qui veut dire simplement que le sort des sorciers est définitivement scellé. Les sorciers eux-mêmes le savent. C'est pourquoi ils œuvrent avec détermination pour entraîner dans la perdition toute personne non sorcière qui ne fait pas attention. Ils s'infiltrent dans les églises en simulant la croyance et après avoir été numériquement supérieurs aux simples, ils prennent le contrôle de l'Assemblée et le milieu devient pourri. C'est pour cela que de nos jours le sorciers sont plus nombreux dans les églises qu'au quartier ; Certaines dénominations *'chrétiennes'* sont fondamentalement diaboliques au nom de *'jésus'*…Le Christianisme a adopté le paganisme depuis la disparition des premiers Christiens de telle sorte que c'est du fétichisme qui est pratiqué dans les églises. C'est d'ailleurs un vrai signe de la fin des temps, une église qui est entrain de tiédir…

2- Les fils du malin

Pouvez-vous avoir le courage de nos jours d'appeler quelqu'un *fils de malin* en vérité et avec certitude ? Je crois que non ! Pourtant le Seigneur Jésus-Christ l'a fait à son époque et avec énergie. Croyez-vous que ces qualificatifs n'étaient en rapport qu'avec le Ministère de Jésus ? Non il s'agit d'un problème existentiel réel et très vieux. Dans les milieux dits '*chrétiens*' et au-delà, les gens ne se concentrent rien que sur Satan et les esprits impurs à son service. Les soirées de combat spirituels sont très chaudes et intenses, on passe beaucoup de temps à se battre contre un ennemi invisible pourtant ses disciples sont net à côté. Ne pas tenir compte de l'existence des fils du diable ou des sorciers tout court est une erreur très grave pour les enfants de Dieu. C'est absurde de vous atteler à un fils du malin pour combattre son maître. Cependant cela se fait tous les jours.

Parce que personne ne s'interroge sur *l'identité spirituelle* de l'autre. Certaines personnes parlent de la sorcellerie vaguement et ne mesurent pas l'impact négatif et nocif de l'existence de ce genre de personne dans l'environnement. Lorsque le roi David déclare : Psaumes104.35 *« Que les pécheurs disparaissent de la terre, Et que les méchants ne soient plus! Mon âme, bénis l'Eternel! Louez l'Eternel! »* C'est parce qu'ils existent et ils ne sont pas des gens à partager quoi que ce soit avec eux, ils méritent la mort. La seule chose qui les sauve c'est que le Seigneur lui-même a donné l'ordre de les laisser vivre aussi dans le monde : c'est leur droit absolu et inaliénable. Regardez avec quelle vitesse et quelle passion les Français sont en train de faire la propagande de la Franc Maçonnerie sur Google. Regardez combien de personnes dans le monde sont accros à l'horoscope, à la rénovation de anciens palais et écoles de sorcellerie. Aux chroniques des vampires et aux films d'Harris Potter. Pourtant c'est de la sorcellerie pure et simple, interdite sept fois par Dieu. Aussi longtemps que le déballage de la sorcellerie n'a pas vu le jour dans une famille, une Assemblée ou un milieu quelconque, les justes tomberont toujours sous le coup des fils du Malin. Jésus désigne par fils du malin ceux ou celles-là qui ont pour diable le père, qui pratiquent les même œuvres que lui, qui sont inspirés des mêmes sentiments et pensées que lui. Cela signifie que ces hommes, femmes, jeunes et enfants et bébés qui travaillent pour le diable ne sont pas simplement sous son influence, tout le monde peut être influencé par Satan par moment. Ce sont des gens qui ont la nature même du diable, c'est le diable incarné. De la même manière les fils de l'homme ont la nature de l'homme, et les fils de Dieu la nature de Dieu. Je parle ainsi parce que le catholicisme a appris aux gens que les enfants sont des anges. C'est un très gros mensonge venant de leur père, le diable. Les enfants des humains sont les humains, les enfants des chiens sont des chiots. Les humains sont des humains et les anges sont des anges. Il y a des petits enfants sorciers qui travaillent pour le diable dès la naissance. Il faut faire très attention ! Ne jamais laisser ta progéniture faire amitié avec n'importe quel autre enfant. Nous avons vu des écoliers donner du pain chargé avec du chocolat mélangé au sang humain à leurs camarades de classe pour les envoûter.

- ***Complétez votre carte d'identité***

Un individu qui a atteint un certain âge dans une Nation, est habileté à se faire établir une carte d'Identité Nationale. Nous tous, nous savons ce qui est mentionné sur ladite carte. Chacun n'a qu'à consulter la sienne. Et à la fin de ce livre compléter avec la dernière mention qui est SORCIER /SORCIERE ou JUSTE. Ainsi il aura une carte d'identité complète, je veux dire qui révèle son *identité spirituelle* en même temps. Lors de la tentation du Christ, Satan lui présente tous les royaumes du monde et lui fait savoir que ces royaumes lui ont été donnés. Cependant de nombreuses personnes même croyantes n'arrivent pas à accepter cela, pourtant dieu n'a pas besoin de leur avis, le parole de Dieu les informe seulement. La bible dit que le monde entier est au pouvoir du malin, ce qu'il ne faut pas confondre avec le fait d'appartenir. Toute la création, tout l'univers appartient à YHWH Dieu. Ce qui fait que Satan a le droit d'agir seulement dans ce monde avec puissance, détermination et confiance jusqu'à ce que les six mille ans du règne de l'homme soient terminés avec la deuxième venue du Christ dans sa gloire. Il n'est donc pas surprenant de constater qu'il ait peuplé le monde des sorciers et sorcières, que ses fils travaillent contre les justes, croyant gagner éternellement le monde. Qu'ils séduisent les justes afin de gonfler leurs rangs qui mènent vers les géhennes. Notre planète compte à cette heure-ci pratiquement sept milliards et demi d'individus, parmi lesquels on peut dénombrer trois quart d'enfants du diable. Dans les Assemblées dites *'chrétiennes'* où vous pouvez faire l'erreur de croire qu'il y a beaucoup d'enfants de Dieu, il y a quatre fois plus de sorciers que de justes. Si vous jetez un coup d'œil critique sur l'état de l'église contemporaine, vous constaterez que seuls 3% de ceux qui se disent serviteurs de Dieu le sont effectivement. Nous somme à une époque semblable à celle du prophète Elie en Judée Samarie où Elie le prophète de Dieu était seul vrai prophète parmi 850 prophètes de Baal. Cela ne vous dis rien pourtant ça vous affecte négativement.

3- Le méchant

Dans la Bible nous trouverons d'autres synonymes au mot sorcier et cela va vous étonner car du début à la fin , la Bible parle *143 fois du méchant -191 fois des méchants -12 fois de la méchante -04 fois des méchantes - 100 fois de méchanceté et 03 fois de méchancetés* parfois associés au mot ennemi, ou ennemis. Pour ne citer que quelques versets : *Genèse18.23 « Abraham s'approcha, et dit: Feras-tu aussi périr le juste avec le méchant? » Nombres20.5 « Pourquoi nous avez-vous fait monter hors d'Egypte, pour nous amener dans ce méchant lieu? Ce n'est pas un lieu où l'on puisse semer, et il n'y a ni figuier, ni vigne, ni grenadier, ni d'eau à boire. »* Le livre des psaumes en regorge autant de versets que possible pour faire comprendre à quel point la voie du méchant n'est pas à imiter. *Psaumes 1.1 « Heureux l'homme qui ne marche pas selon le conseil des méchants, Qui ne s'arrête pas sur la voie des pécheurs, Et qui ne s'assied pas en compagnie des moqueurs, 1.2 Mais qui trouve son plaisir dans la loi de l'Eternel, Et qui la médite jour et nuit!1.3Il est comme un arbre plante près d'un courant d'eau, Qui donne son fruit en sa saison, Et dont le feuillage ne se flétrit point: Tout ce qu'il fait lui réussit.1.4Il n'en est pas ainsi des méchants: Ils sont comme la paille que le vent dissipe.1.5C'est pourquoi les méchants ne résistent pas au jour du jugement, Ni les pécheurs dans l'assemblée des justes;1.6Car l'Eternel connait la voie des justes, Et la voie des pécheurs mène à la ruine. »*

Psaumes 5.4 « Car tu n'es point un Dieu qui prenne plaisir au mal; Le méchant n'a pas sa demeure auprès de toi. »

Psaumes 7.12 « Si le méchant ne se convertit pas, il aiguise son glaive, Il bande son arc, et il vise;7.13 Il dirige sur lui des traits meurtriers, Il rend ses flèches brulantes. 7.14 Voici, le méchant prépare le mal, Il conçoit l'iniquité, et il enfante le néant. 7.15 Il ouvre une fosse, il la creuse, Et il tombe dans la fosse qu'il a faite. 7.16 Son iniquité retombe sur sa tête, Et sa violence redescend sur son front. »

Psaumes 9.5 « Tu châties les nations, tu détruis le méchant, Tu effaces leur nom pour toujours et à perpétuité. »

Psaumes 10.2 « Le méchant dans son orgueil poursuit les malheureux, Ils sont victimes des trames qu'il a conçues. 10.3 Car le méchant se glorifie de sa convoitise, Et le ravisseur outrage, méprise l'Eternel. 10.4 Le méchant dit avec arrogance: Il ne punit pas! Il n'y a point de Dieu! –Voilà toutes ses pensées. 10.13 Pourquoi le méchant méprise-t-il Dieu? Pourquoi dit-il en son cœur: Tu ne punis pas? »

Psaumes 11.5 « L'Eternel sonde le juste; Il hait le méchant et celui qui se plait a la violence.
11.6 Il fait pleuvoir sur les méchants Des charbons, du feu et du soufre; Un vent brulant, c'est le calice qu'ils ont en partage. »

Psaumes 17.8 « garde moi comme la prunelle de l'œil; Protège-moi, à l'ombre de tes ailes,
17.9 Contre les méchants qui me persécutent, Contre mes ennemis acharnes qui m'enveloppent. »

Psaumes 17.13 « Lève-toi, Eternel, marche a sa rencontre, renverse-le! Délivre-moi du méchant par ton glaive! »

Psaumes 32.10 « Beaucoup de douleurs sont la part du méchant, Mais celui qui se confie en l'Eternel est environne de sa grâce. »

Psaumes 34.21 « Le malheur tue le méchant, Et les ennemis du juste sont châties. »

Psaumes 36:1 « Au chef des chantres. Du serviteur de l'Eternel, de David. (36:2) La parole impie du méchant est au fond de mon cœur; La crainte de Dieu n'est pas devant ses yeux.
36.2 Car il se flatte a ses propres yeux, Pour consommer son iniquité, pour assouvir sa haine. 36.3Les paroles de sa bouche sont fausses et trompeuses; Il renonce à agir avec sagesse, a faire le bien. 36.4Il médite l'injustice sur sa couche, Il se tient sur une voie qui n'est pas bonne, Il ne repousse pas le mal. »

Psaumes 50.15 « Et invoque-moi au jour de la détresse; Je te délivrerai, et tu me glorifieras.

50.16Et Dieu dit au méchant: Quoi donc! Tu énumères mes lois, Et tu as mon alliance à la bouche, 50.17Toi qui hais les avis, Et qui jettes mes paroles derrière toi! 50.18Si tu vois un voleur, tu te plais avec lui, Et ta part est avec les adultères. 50.19Tu livres ta bouche au mal, Et ta langue est un tissu de tromperies. 50.20Tu t'assieds, et tu parles contre ton frère, Tu diffames le fils de ta mère. 50.21Voila ce que tu as fait, et je me suis tu. Tu t'es imaginé que je te ressemblais; Mais je vais te reprendre, et tout mettre sous tes yeux. »

Psaumes 71.4 « Mon Dieu, délivre-moi de la main du méchant, De la main de l'homme inique et violent! »

Psaumes 89.22 « L'ennemi ne le surprendra pas, Et le méchant ne l'opprimera point; »

Psaumes 119.21 « Tu menaces les orgueilleux, ces maudits, Qui s'égarent loin de tes commandements. »

Ecclésiaste 7.15 « J'ai vu tout cela pendant les jours de ma vanité. Il y a tel juste qui périt dans sa justice, et il y a tel méchant qui prolonge son existence dans sa méchanceté. »

- ***Le méchant homosexuel***

Pour résumer et couper court quel que soit un alibi qui sortira de la bouche des Hommes, l'homosexualité est une pratique méchante inhumaine terrifiante. Une pratique inventée par Satan pour détruire l'humanité. C'est un triple péché : péché contre soi-même, péché conte son prochain et péché contre le Créateur. Les animaux se baladent en brousse nus, mais pendant les siècles ils n'ont pas essayé une telle animosité. Cependant l'Homme créé à l'image et à la ressemblance de Dieu en a fait un plat de résistance. Cette pratique est purement et simplement un des plats préférés de Satan et ses serviteurs. Tous ceux qui pratiquent l'homosexualité ou encouragent sont des méchants. Si les sorciers le pratiquaient entre eux seulement, ce serait passable, on pourrait dire que c'est leur affaire à eux. Mais ils affectent les justes et font beaucoup de victimes parmi de gens simples. C'est pour cela que dans la pratique de cette bestialité, Il est important de faire la différence entre les victimes et les prédateurs. Le monde du Sport, de la musique et de la mode sont en tête de liste des secteurs fortement gangrenés par l'homosexualité. Après vient le secteur professionnel où il faudrait désormais se faire parrainer pour trouver un emploi. *En effet le parrain c'est qui ?* C'est tout simplement un sorcier à qui un individu a vendu son âme ou alors donné quitus de vendre cette âme pour gagner quelque clopinettes. Même dans le milieu religieux où on parle de parrain et marraine lors du baptême, il faut comprendre qu'il s'agit du trafic d'âmes, de quelque chose de subtil. Car ces termes ne sont pas employés par la bible, Jésus n'avait ni parrain ni marraine à son baptême. Maintenant écoutons ce que la Bible dit des gens de l'ancien temps se livraient à cette pratique virulente. *Genèse 13.13 « Les gens de Sodome étaient méchants, et de grands pécheurs contre l'Eternel. » Genèse 18.20 « Et l'Eternel dit : Le cri contre Sodome et Gomorrhe s'est accru, et leur pèche est énorme. »*

Proverbes 21.10 « L'âme du méchant désire le mal ; Son ami ne trouve pas grâce à ses yeux.21.11 Quand on châtie le moqueur, le sot devient sage ; Et quand on instruit le sage, il accueille la science. 21.12 Le juste considère la maison du méchant ; L'Eternel précipite les méchants dans le malheur. »

Proverbes 28.4 « Ceux qui abandonnent la loi louent le méchant, Mais ceux qui observent la loi s'irritent contre lui. »

Ecclésiaste3.17 « J'ai dit en mon cœur : Dieu jugera le juste et le méchant ; car il y a là un temps pour toute chose et pour toute œuvre. » Quand j'entends certains sorciers qui se disent pasteurs chercher à dédouaner cette histoire sur les réseaux sociaux, je me dis intérieurement celui-ci travaille bien pour son maître et le diable n'a plus honte. Comme les média sociaux sont devenus là où tous ceux qui avaient un sur vingt de moyenne à l'école peuvent gazouiller, certains pédophiles de Gomorrhe veulent jouer sur les mots en faisant la différence entre une abomination et un péché. De la même manière que l'Egypte symbolise aujourd'hui l'esclavage, le monde ou le péché, de cette même manière Sodome et Gomorrhe symbolisent les rapports sexuels contre nature. Sodome et Gomorrhe ne sont plus des territoires circonscrits, mais l'ensemble de personnes de par le monde qui se livrent à cette pratique déshonorante et dégradante pour l'humanité. C'est comme on parle de l'Eglise de Jésus-Christ qui n'est pas un bâtiment mais la communauté globale des disciples. A l'époque du patriarche Abraham Dieu a détruit les deux villes célèbres des homosexuels, de nos jours les gens s'attendent à ce que Dieu dise je vais détruire Paris ou New-York ainsi que Yaoundé et Lagos en passant par le Vatican, X et Y ville. Non ! Ce n'est plus comme cela ! Dieu a déjà prononcé la condamnation ferme de cette pratique dans le corps de chacun qui se livre à de telles abominations. Il est vrai que certains pays d'ici cent ans seront textuellement comme Sodome, il y aura même des mariages légaux avec des animaux. Mais cela n'est pas encore le cas, même à ce degré, la sentence de Dieu sera suspendue sur la tête de chacun. Il n'y a plus d'intercession à faire, car même aux jours des patriarches ça n'a pas marché. *Genèse 18.32 « Abraham dit : Que le Seigneur ne s'irrite point, et je ne parlerai plus que cette fois. Peut-être s'y trouvera-t-il dix justes. Et l'Eternel dit : Je ne la détruirai point, à cause de ces dix justes. »* C'est horrible ! Les gens de tout âge et des deux sexes se livraient à cette infamie. Quelle supercherie ! C'est la même chose qui se met en place de nos jours avec *l'Obamisme Américain et Macronisme français*.

Genèse 19.4 « Ils n'étaient pas encore couches que les gens de la ville, les gens de Sodome, entourèrent la maison, depuis les enfants jusqu'aux vieillards ; toute la population était accourue. » je vous donne rendez-vous à Paris dans cinquante ans, les Français qui craignent Dieu auront fui la France et avec ce que le *Macronisme* est en train d'initier, ce sera comme à l'époque de Loth. Celui qui se livre aux penchants homosexuels se détruit lui-même, c'est ce qui justifie la croissance exponentielle des cas d'hémorroïde, de cancer de la gorge et de décès parmi les communautés travesties. Vous n'êtes pas obligés de croire comme ces gens de l'époque d'Abraham. Mais la sentence est là ! Suspendue sur la tête de chaque individu. *Genèse 19.13 « Car nous allons détruire ce lieu, parce que le cri contre ses habitants est grand devant l'Eternel. L'Eternel nous a envoyés pour le détruire. 19.14Lot sortit, et parla a ses gendres qui avaient pris ses filles : Levez-vous, dit-il, sortez de ce lieu ; car l'Eternel va détruire la ville. Mais, aux yeux de ses gendres, il parut plaisanter. » Genèse 19.24*

« Alors l'Eternel fit pleuvoir du ciel sur Sodome et sur Gomorrhe du soufre et du feu, de par l'Eternel. 19.25 Il détruisit ces villes, toute la plaine et tous les habitants des villes, et les plantes de la terre. » De cette même manière le feu spirituel détruis les homosexuels intérieurement toutes les minutes. Nous n'allons ni sortir du monde ni nous laisser compromettre. Le juste doit réfuter l'homosexualité et toute autre forme de péché ouvertement et énergiquement au cas où il se trouve en mauvaise posture. On ne peut pas délivrer un agent satanique de la sorcellerie, ni un homosexuel de sa pratique. Seules les simples victimes peuvent être délivrées des esprits impurs homosexuels introduits en eux.

- ***Jésus et les Apôtres face aux méchants***

Le Seigneur Jésus-Christ n'a pas hésité de traiter les juifs de méchants ou sorciers comme l'a fait le Roi David son père. *Matthieu 12.38 « Alors quelques-uns des scribes et des pharisiens prirent la parole, et dirent: Maître, nous voudrions te voir faire un miracle. 12.39 Il leur répondit: Une génération méchante et adultère demande un miracle; il ne lui sera donné d'autre miracle que celui du prophète Jonas. »*

Actes 17.5 « Mais les Juifs, jaloux prirent avec eux quelques méchants hommes de la populace, provoquèrent des attroupements, et répandirent l'agitation dans la ville. Ils se portèrent à la maison de Jason, et ils cherchèrent Paul et Silas, pour les amener vers le peuple. » Des méchants persécuteurs, de vrais ennemis de Dieu.

1 Corinthiens 5.13 « Pour ceux du dehors, Dieu les juge. Otez le méchant du milieu de vous. » Ordre donné par l'Apôtre Paul aux serviteurs de Dieu. Alors il se pose un problème *d'identité spirituelle* ici, car il faut d'abord savoir qui est le méchant avant de le chasser de l'Assemblée. Paul et les autres Apôtres connaissaient bien que tous ceux qui s'opposent à la saine doctrine sont des sorciers.

2 Thessalonicien 3.1 « Au reste, frères, priez pour nous, afin que la parole du Seigneur se répande et soit glorifiée comme elle l'est chez-vous, 3.2 et afin que nous soyons délivrés des hommes méchants et pervers; car tous n'ont pas la foi. 3.3Le Seigneur est fidèle, il vous affermira et vous préservera du malin. » Le Ministère de Paul n'était pas facile, c'est encore le cas de nos jours, je sais de quoi je parle. Peut-être si j'avais cru sous d'autres cieux ce serait passable, mais croire et servir Dieu au Cameroun est un calvaire. Que de sorcellerie appauvrissante ! *1 Timothée 1.9 « sachant bien que la loi n'est pas faite pour le juste, mais pour les méchants et les rebelles, les impies et les pécheurs, les irréligieux et les profanes, les parricides, les meurtriers, 1.10 les impudiques, les infâmes, les voleurs d'hommes, les menteurs, les parjures, et tout ce qui est contraire à la saine doctrine, » -*

2 Timothée 3.8 « De même que Jannès et Jambrès s'opposèrent à Moïse, de même ces hommes s'opposent à la vérité, étant corrompus d'entendement, réprouvés en ce qui concerne la foi. 3.9 Mais ils ne feront pas de plus grands progrès; car leur folie sera manifeste pour tous, comme le fut celle de ces deux hommes. 3.10 Pour toi, tu as suivi de près mon enseignement, ma conduite, mes résolutions, ma foi, ma douceur, ma charité, ma constance, 3.11 mes persécutions, mes souffrances. A quelles souffrances n'ai-je pas été exposé à Antioche, à Icone, à Lystre ? Quelles persécutions n'ai-je pas supportées? Et le Seigneur m'a délivré de toutes. 3.12 Or, tous ceux qui veulent vivre pieusement en Jésus Christ seront persécutés. 3.13 Mais les hommes méchants et imposteurs avanceront toujours plus dans le mal, égarant les autres et égarés eux-mêmes. »

Tite 3.8 « Cette parole est certaine, et je veux que tu affirmes ces choses, afin que ceux qui ont cru en Dieu s'appliquent à pratiquer de bonnes œuvres. 3.9 Voilà ce qui est bon et utile aux hommes. Mais évite les discussions folles, les généalogies, les querelles, les disputes relatives à la loi; car elles sont inutiles et vaines. 3.10 Éloigne de toi, après un premier et un second avertissement, celui qui provoque des divisions, 3.11 sachant qu'un homme de cette espèce est perverti, et qu'il pèche, en se condamnant lui-même. »

Luc6.44 « Car chaque arbre se connaît à son fruit. On ne cueille pas des figues sur des épines, et l'on ne vendange pas des raisins sur des ronces. 6.45L'homme bon tire de bonnes choses du bon trésor de son cœur, et le méchant tire de mauvaises choses de son mauvais trésor; car c'est de l'abondance du cœur que la bouche parle. 6.46Pourquoi m'appelez-vous Seigneur, Seigneur! Et ne faites-vous pas ce que je dis? » C'est la question à laquelle les religieux de ce siècle doivent répondre : Ils observent le dimanche en lieu et place du sabbat, prient les morts pour les vivants, prient la reine du ciel en disant que c'est la mère de Dieu, célèbrent *'les pâques'* à la pace de la pâque, c'est grave, ils font tellement de choses arrogantes et perverses comme les messes et les processions de manière que le Seigneur lui-même n'en croit pas ses yeux. En effet ce sont des *'chrétiens'* nous sommes des Christiens, il n'y a pas match.

4- Les démons

Les démons encore appelés esprits impurs ou malins sont des anges déchus. Un tiers d'anges ont suivi L'ange de lumière dans sa rébellion contre Dieu et a été chassé des cieux, ce bien avant l'existence humaine. Ce sont donc des esprits impurs au service de Satan et leur commandant en chef s'appelle *Béelzébul.* C'est par lui que les prêtres, pasteurs et marabouts exorcistes tentent de chasser les démons en vain.

Que faisait Jésus-Christ : la délivrance ou l'exorcisme ?

L'exorcisme se définit comme l'exotérisme, ou pratique de la magie, c'est de la sorcellerie tout court. Que tous ceux qui vont chez les prêtres, imams, pasteurs exorcistes sachent qu'ils vont chez les adeptes de Satan et qu'ils vont y laisser leur vie et voir leur problème devenir plus compliqués et plus graves à l'avenir. Il en est de même des psychologues et tous ceux qui pratiquent des communications avec les esprits impurs. Notre Seigneur faisait de la délivrance. Il dit bien dans le *'Notre Père' 'Délivre nous du malin et non exorcise nous'. Matthieu 9.33 « Le démon ayant été chassé, le muet parla. Et la foule étonnée disait: Jamais pareille chose ne s'est vue en Israël. 9.34 Mais les pharisiens dirent: C'est par le prince des démons qu'il chasse les démons. »*

Marc 1.34 « Il guérit beaucoup de gens qui avaient diverses maladies; il chassa aussi beaucoup de démons, et il ne permettait pas aux démons de parler, parce qu'ils le connaissaient. »

Luc8.1 « Ensuite, Jésus allait de ville en ville et de village en village, prêchant et annonçant la bonne nouvelle du royaume de Dieu. 8.2 Les douze étaient avec de lui et quelques femmes qui avaient été guéries d'esprits malins et de maladies: Marie, dite de Magdala, de laquelle étaient sortis sept démons, »

Luc 8.27 « Lorsque Jésus fut descendu à terre, il vint au-devant de lui un homme de la ville, qui était possédé de plusieurs démons. Depuis longtemps il ne portait point de vêtement, et avait sa demeure non dans une maison, mais dans les sépulcres. 8.28Ayant vu Jésus, il poussa un cri, se jeta à ses pieds, et dit d'une voix forte: Qu'y a-t-il entre moi et toi, Jésus, Fils du Dieu Très Haut? Je t'en supplie, ne me tourmente pas. 8.29Car Jésus commandait à l'esprit impur de sortir de cet homme, dont il s'était emparé depuis longtemps; on le gardait lié de chaînes et les fers aux pieds, mais il rompait les liens, et il était entraîné par le démon dans les déserts. 8.30 Jésus lui demanda: Quel est ton nom? Légion, répondit-il. Car plusieurs démons étaient entrés en lui. »

Luc 11.14 « Jésus chassa un démon qui était muet. Lorsque le démon fut sorti, le muet parla, et la foule fut dans l'admiration.11.15Mais quelques-uns dirent: c'est par Béelzébul, le prince des démons, qu'il chasse les démons.11.16Et d'autres, pour l'éprouver, lui demandèrent un signe venant du ciel. 11.17Comme Jésus connaissait leurs pensées, il leur dit: Tout royaume divisé contre lui-même est dévasté, et une maison s'écroule sur une autre.11.18Si donc Satan est divisé contre lui-même, comment son royaume subsistera-t-il, puisque vous dites que je chasse les démons par Béelzébul? 11.19Et si moi, je chasse les démons par Béelzébul, vos fils, par qui les chassent-ils? C'est pourquoi ils seront eux-

mêmes vos juges.11.20Mais, si c'est par le doigt de Dieu que je chasse les démons, le royaume de Dieu est donc venu vers vous. »

Révélation 9.20 « Les autres hommes qui ne furent pas tués par ces fléaux ne se repentirent pas des œuvres de leurs mains, de manière à ne point adorer les démons, et les idoles d'or, d'argent, d'airain, de pierre et de bois, qui ne peuvent ni voir, ni entendre, ni marcher; 9.21 et ils ne se repentirent pas de leurs meurtres, ni de leurs enchantements, ni de leur impudicité ni de leurs vols. »

Révélation16.13 « Et je vis sortir de la bouche du dragon, et de la bouche de la bête, et de la bouche du faux prophète, trois esprits impurs, semblables à des grenouilles. 16.14 Car ce sont des esprits de démons, qui font des prodiges, et qui vont vers les rois de toute la terre, afin de les rassembler pour le combat du grand jour du Dieu tout puissant. »

Révélation 18.2 « Il cria d'une voix forte, disant: Elle est tombée, elle est tombée, Babylone la grande! Elle est devenue une habitation de démons, un repaire de tout esprit impur, un repaire de tout oiseau impur et odieux, »

- ***Être un démon…***

Voici maintenant ce que Jésus déclare au sujet de Juda Iscariot. Les sorciers sont des Démons au corps d'humains. La perversion est un changement de corps spirituel. Le sorcier corrompt sa nature du juste pour revêtir la nature du diable. *Jean 6.67 « Jésus donc dit aux douze : Et vous, ne voulez-vous pas aussi vous en aller ? 6.68 Simon Pierre lui répondit : Seigneur, à qui irions-nous ? Tu as les paroles de la vie éternelle. 6.69 Et nous avons cru et nous avons connu que tu es le Christ, le Saint de Dieu. 6.70Jésus leur répondit : N'est-ce pas moi qui vous ai choisis, vous les douze ? Et l'un de vous est un démon ! 6.71 Il parlait de Judas Iscariot, fils de Simon ; car c'était lui qui devait le livrer, lui, l'un des douze. »*

Jacques 2.19 « Tu crois qu'il y a un seul Dieu, tu fais bien ; les démons le croient aussi, et ils tremblent. » Les sorciers croient aussi, et ils tremblent, parce qu'ils connaissent le sort qui les attends plus tard et ils ne veulent pas aller dans les abîmes de sitôt.

1Tim 4.1 « Mais l'Esprit dit expressément que, dans les derniers temps, quelques-uns abandonneront la foi, pour s'attacher à des esprits séducteurs et à des doctrines de démons, 4.2 par l'hypocrisie de faux docteurs portant la marque de la flétrissure dans leur propre conscience, 4.3prescrivant de ne pas se marier, et de s'abstenir d'aliments que Dieu a créés pour qu'ils soient pris avec actions de grâces par ceux qui sont fidèles et qui ont connu la vérité. »

- ***Avoir un démon…***

Avoir un démon ou plusieurs démons en soi c'est être possédé… Cela est courant car en effet les démons qui n'ont pas incarnés aiment vivre dans les corps vivants – d'animaux – de plantes et d'êtres humains. Et bien sûr peuvent être expulsés de là par des prières de délivrance grâce à la puissance du Saint-Esprit. Les sorciers sont les premiers à appeler le juste sorcier pour le discréditer publiquement, c'est ce que les juifs sorciers ont fait à l'égard de Jean et jésus. *Matthieu11.18 « Car Jean est venu, ne mangeant ni ne buvant, et ils disent: Il a un démon. » Jean 7.19 « Moïse ne vous a-t-il pas donné la loi? Et nul de vous n'observe la loi. Pourquoi cherchez-vous à me faire mourir? 7.20 La foule répondit: Tu as un démon. Qui est-ce qui cherche à te faire mourir? »*

Jean 8.41 « Vous faites les œuvres de votre père. Ils lui dirent: Nous ne sommes pas des enfants Illégitimes; nous avons un seul Père, Dieu. 8.42Jésus leur dit: Si Dieu était votre Père, vous m'aimeriez, car c'est de Dieu que je suis sorti et que je viens; je ne suis pas venu de moi-même, mais c'est lui qui m'a envoyé. 8.43 Pourquoi ne comprenez-vous pas mon langage? Parce que vous ne pouvez écouter ma parole. 8.44 Vous avez pour père le diable, et vous voulez accomplir les désirs de votre père. Il a été meurtrier dès le commencement, et il ne se tient pas dans la vérité, parce qu'il n'y a pas de vérité en lui. Lorsqu'il profère le mensonge, il parle de son propre fonds; car il est menteur et le père du mensonge. 8.45 Et moi, parce que je dis la vérité, vous ne me croyez pas. 8.46 Qui de vous me convaincra de péché? Si je dis la vérité, pourquoi ne me croyez-vous pas? 8.47 Celui qui est de Dieu, écoute les paroles de Dieu; vous n'écoutez pas, parce que vous n'êtes pas de Dieu. 8.48 Les Juifs lui répondirent: N'avons-nous pas raison de dire que tu es un Samaritain, et que tu as un démon? 8.49 Jésus répliqua: Je n'ai point de démon; mais j'honore mon Père, et vous m'outragez. 8.50 Je ne cherche point ma gloire; il en est un qui la cherche et qui juge. 8.51 En vérité, en vérité, je vous le dis, si quelqu'un garde ma parole, il ne verra jamais la mort. 8.52 Maintenant, lui dirent les Juifs, nous connaissons que tu as un démon. Abraham est mort, les prophètes aussi, et tu dis: Si quelqu'un garde ma parole, il ne verra jamais la mort. » Ces démons qui sont des esprits impurs chassé des cieux avec Satan connaissent bien Jésus - Christ le juste juge qui va leur lire leurs droit à la fin du monde. C'est pourquoi ils tremblent lorsqu'ils confessent le puissant de Jésus. Avoir donc un démon est différent d'être un démon ! Mais un sorcier appelé démon peut être possédé en même temps par un autre sorciers en cas de litige entre les deux. On dira que c'est un démon qui a un démon.

5- Race de vipères

Jésus lui-même les appelle race de vipères, pour ainsi dire qu'ils mordent comme la vipère ; donc Il faut faire attention aux sorciers. Ces jolies dames qui expliquent sur internet comment elles sortent de leurs corps et voyagent avec le balais pour se rendre à la réunion. Leur récit parait beau, mais ce sont des loups ravisseurs. C'est une mauvaise race, une race à ne pas côtoyer. Jean le Baptiste les a localisé spirituellement et a réclamé d'eux une vraie repentance, ce qu'ils ne peuvent faire. Jean voulait dire simplement vous êtes des sorciers, vous n'avez pas part à cette histoire, vous venez seulement vous mouiller et me perdre du temps. *Matthieu3.7 « Mais, voyant venir à son baptême beaucoup de pharisiens et de sadducéens, il leur dit: Races de vipères, qui vous a appris à fuir la colère à venir? 3.8 Produisez donc du fruit digne de la repentance, »*

Matthieu 12.34 « Races de vipères, comment pourriez-vous dire de bonnes choses, méchants comme vous l'êtes? Car c'est de l'abondance du cœur que la bouche parle. 12.35 L'homme bon tire de bonnes choses de son bon trésor, et l'homme méchant tire de mauvaises choses de son mauvais trésor. »

La persécution comme je l'ai tantôt dit, est principalement l'œuvre des sorciers. *Matthieu 23.33 « Serpents, race de vipères! Comment échapperez-vous au châtiment de la géhenne? 23.34 C'est pourquoi, voici, je vous envoie des prophètes, des sages et des scribes. Vous tuerez et crucifierez les uns, vous battrez de verges les autres dans vos synagogues, et vous les Persécuterez de ville en ville, 23.35afin que retombe sur vous tout le sang innocent répandu sur la terre, depuis le sang d'Abel le juste jusqu'au sang de Zacharie, fils de Barachie, que vous avez tué entre le temple et l'autel. »*

6- Les hypocrites

Le Seigneur jésus les appelle des Hypocrites ou encore des gens remplis de méchanceté ou de sorcellerie. Soyons humbles de comprendre que l'hypocrisie est le caractère intrinsèque des sorciers et que toute personne qui manifeste régulièrement ce type de comportement n'est qu'une sorcière. *Matthieu 6.2 « Lors donc que tu fais l'aumône, ne sonne pas de la trompette devant toi, comme font les hypocrites dans les synagogues et dans les rues, afin d'être glorifiés par les hommes. Je vous le dis en vérité, ils reçoivent leur récompense. 6.5 Lorsque vous priez, ne soyez pas comme les hypocrites, qui aiment à prier debout dans les synagogues et aux coins des rues, pour être vus des hommes. Je vous le dis en vérité, ils reçoivent leur récompense. 6.16 Lorsque vous jeûnez, ne prenez pas un air triste, comme les hypocrites, qui se rendent le visage tout défait, pour montrer aux hommes qu'ils jeûnent. Je vous le dis en vérité, ils reçoivent leur récompense. »*

Le Seigneur avait cette capacité de discerner le méchant du juste c'est pourquoi il répondait à chacun selon son *identité spirituelle* intérieure. Car en fait *l'identité spirituelle* est cachée à l'intérieure de l'Homme, c'est pour cela que nous avons besoin du discernement. *Matthieu 22.17 « Dis-nous donc ce qu'il t'en semble: est-il permis, ou non, de payer le tribut à César? 22.18 Jésus, connaissant leur méchanceté, répondit: Pourquoi me tentez-vous, hypocrites? »*

Matthieu 24.48 « Mais, si c'est un méchant serviteur, qui dise en lui-même: Mon maître tarde à venir, 24.49 S'il se met à battre ses compagnons, s'il mange et boit avec les ivrognes, 24.50 le maître de ce serviteur viendra le jour où il ne s'y attend pas et à l'heure qu'il ne connaît pas, 24.51 il le mettra en pièces, et lui donnera sa part avec les hypocrites: c'est là qu'il y aura des pleurs et des grincements de dents. »

Pour quelle bonne raison ne devrait-on pas dénoncer la sorcellerie ? La sorcellerie n'a pas de sentiments. *Marc7.6 « Jésus leur répondit: Hypocrites, Ésaïe a bien prophétisé sur vous, ainsi qu'il est écrit: Ce peuple m'honore des lèvres, Mais son cœur est éloigné de moi.7.7 C'est en vain qu'ils m'honorent, En donnant des préceptes qui sont des commandements d'hommes. 7.8Vous abandonnez le commandement de Dieu, et vous observez la tradition des hommes.7.9 Il leur dit encore: Vous anéantissez fort bien le commandement de Dieu, pour garder votre tradition. »*

Luc 12.56 « Hypocrites! Vous savez discerner l'aspect de la terre et du ciel; comment ne discernez-vous pas temps-ci? 12.57Et pourquoi ne discernez-vous pas de vous-mêmes ce qui est juste? »

Luc 13.15 « Hypocrites! Lui répondit le Seigneur, est-ce que chacun de vous, le jour du sabbat, ne détache pas de la crèche son bœuf ou son âne, pour le mener boire? »

- ***Devrait-on vanter la sorcellerie comme c'est le cas de nos jours?***

Absolument pas ! Venter ou encourager toute forme de sorcellerie n'est pas différent de commettre un crime. Lorsqu'on fait un tour sur internet, on ne peut que souhaiter le retour rapide de Jésus-Christ. La sorcellerie est présente partout et pour tous les goûts. Les écoles de sorcellerie ouvrent leurs portes de plus en plus et reçoivent des applaudissements, la France détient la palme d'or de la vulgarisation de l'homosexualité et de la Franc-Maçonnerie ces derniers temps. Il ne se passe pas une heure sur Google sans qu'une publication à contenu exotérique ou simplement satanique paraisse. Satan et ses démons sachant qu'ils ont encore peu de temps sollicitent exagérément les hommes de nos jours. On assiste à la montée puissante des mouvements sataniques tels de organismes de défense des droits de l'Homme dont le but réel est de défendre tout ce qui est interdit par Dieu. J'ai suivi des séminaires de défense des droits de l'Homme et j'ai tout compris. Les livres, les films exotériques et de magie se vendent par millions d'exemplaires. Les gens prennent goût de plus en plus aux pratiques interdites par Dieu. Les dessins animés et les chaines de télé spécialement conçues et suggérée par des sorciers. Les faux pasteurs sont financés à hauteur des milliards pour égarer le gens. Satan ne se cache plus. En dix-sept ans de Ministère j'ai été tenté dix fois par les faux pasteurs qui voulaient tantôt m'enrôler dans le leadership ou dans le marketing de réseaux. Plusieurs sorciers qui se disent révérends, généraux de dieu, supers prophètes, des femmes python qui se disent grandes prophétesse, des pasteurs full option, il y a de tous les goûts sataniques sur notre planète. *1Cor 10.20 « Je dis que ce qu'on sacrifie, on le sacrifie à des démons, et non à Dieu; or, je ne veux pas que vous soyez en communion avec les démons. 10.21 Vous ne pouvez boire la coupe du Seigneur, et la coupe des démons; vous ne pouvez participer à la table du Seigneur, et à la table des démons. »* Le monde entier fête les anniversaires de naissance et de décès, Noël, pâques, assomption ; ascension, halloween, et autres célébrations idolâtriques païennes sans se soucier de rien. Pourtant la parole de Dieu est près d'eux, c'est donc dire que ceux-là sont tous ignorants ? Non ! La grande majorité sait ce qu'elle fait. Ils vouent un culte à leur *seigneur*.

2ème PARTIE : LA SORCELLERIE DE GENESE A APOCALYPSE

1- Caïn le premier sorcier

Caïn est le premier sorcier dans l'histoire de l'humanité. Revenons sur le récit Biblique le concernant. C'est lui le patriarche des sorciers. La sorcellerie n'est pas apparue dans l'Antiquité récente comme le disent certains penseurs. Satan et les démons sont plus vieux que le monde. Le monde des esprits est bien présenté dans la Parole de Dieu grâce à laquelle nous comprenons bien ce qui se passe dans le monde. Genèse 4.*1 « Adam connut Eve, sa femme; elle conçut, et enfanta Caïn et elle dit: J'ai formé un homme avec l'aide de l'Eternel. »* Si donc c'est avec l'aide de l'Eternel, alors au départ c'est une bonne semence. C'est un homme juste comme Abel son frère cadet qui naîtra près. Mais comment se fait-il que Caïn soit arrivé au meurtre ?

Genèse 4.2 « Elle enfanta encore son frère Abel. Abel fut berger, et Caïn fut laboureur. 4.3Au bout de quelque temps, Caïn fit à l'Eternel une offrande des fruits de la terre; 4.4 et Abel, de son cote, en fit une des premiers-nés de son troupeau et de leur graisse. L'Eternel porta un regard favorable sur Abel et sur son offrande; 4.5 Mais il ne porta pas un regard favorable sur Caïn et sur son offrande. Caïn fut très irrité, et son visage fut abattu. 4.6 Et l'Eternel dit à Caïn: Pourquoi es-tu irrite, et pourquoi ton visage est-il abattu? 4.7 Certainement, si tu agis bien, tu relèveras ton visage, et si tu agis mal, le péché se couche à la porte, et ses désirs se portent vers toi: mais toi, domine sur lui. »

Les deux frères ont grandi et la semence en Caïn s'est aussi développée. Le Péché ici est synonyme de sorcellerie, la semence corrompue du diable, la méchanceté, l'orgueil, l'hypocrisie etc. *Genèse 4.8 « Cependant, Caïn adressa la parole à son frère Abel; mais, comme ils étaient dans les champs, Caïn se jeta sur son frère Abel, et le tua. »* IL provoque son frère, il excite la colère, et tue son frère cadet. Le péché vient de produire le crime et Caïn devient ainsi le premier meurtrier de l'histoire de l'humanité. *Genèse 4.8 4.9 « L'Eternel dit à Caïn: Ou est ton frère Abel? Il répondit: Je ne sais pas; suis-je le gardien de mon frère? »* Il ment à Dieu et consolide sa place de premier menteur orgueilleux de l'histoire de l'humanité.

Genèse 4.8 4.10 « Et Dieu dit: Qu'as-tu fait? La voix du sang de ton frère crie de la terre jusqu'à moi. 4.11 Maintenant, tu seras maudit de la terre qui a ouvert sa bouche pour recevoir de ta main le sang de ton frère. 4.12 Quand tu cultiveras le sol, il ne te donnera plus sa richesse. Tu seras errant et vagabond sur la terre. » Le forfait étant commis, les conséquences s'en suivent, il devient le premier porteur du syndrome malédiction, premier condamné non repentant de l'histoire de l'humanité. *Genèse 4.13 « Caïn dit à l'Eternel: Mon châtiment est trop grand pour être supporté. 4.14 Voici, tu me chasses aujourd'hui de cette terre; je serai caché loin de ta face, je serai errant et vagabond sur la terre, et quiconque me trouvera me tuera. »*

Comble de malheur c'est bien lui sui en rajoute confessant le vagabondage et le crime dans sa propre vie. *Genèse 4.15 « L'Eternel lui dit: Si quelqu'un tuait Caïn, Caïn serait vengé sept fois. Et L'Eternel mit un signe sur Caïn pour que quiconque le trouverait ne le tuât point. 4.16 Puis, Caïn s'éloigna de la face de l'Eternel, et habita dans la terre de Nod, à l'orient d'Eden. 4.17 Caïn connut sa femme; elle conçut, et enfanta Hénoc. Il bâtit ensuite une ville, et il donna à cette ville le nom de son fils Hénoc. »* Le sorcier ne change pas, il ne pense pas faire du bien. Caïn devient le premier à étaler son orgueil face aux biens matériels comme tous les sorciers d'aujourd'hui qui veulent gagner le monde. Les sorciers savent intérieurement qu'ils ont déjà perdu leur âme c'est pour cela qu'ils s'accrochent au moins aux bien terrestres. Inspiré par son maître Satan au pouvoir de qui est le monde, il exprime ainsi son désir de gagner le monde et perdre son âme.

- ***Comment est-ce que Caïn passe de bonne semence à l'ivraie ?***

C'est ce que nous devons absolument savoir pour arriver à comprendre ce qui se passe sur la terre depuis le premier couple humain. Le Roi DAVID nous donne l'explication : *Psaumes 58.3 « Les méchants sont pervertis dès le sein maternel, Les menteurs s'égarent au sortir du ventre de leur mère. 58.4 Ils ont un venin pareil au venin d'un serpent, D'un aspic sourd qui ferme son oreille, 58.5 Qui n'entend pas la voix des enchanteurs, Du magicien le plus habile. »* Caïn le méchant a été perverti depuis le ventre maternel… C'est simple à comprendre qu'il y a eu séduction de la femme et que Satan dans son déguisement se présentait à Eve comme un autre homme et non comme un ange déchu. Et c'est ainsi qu'il a couché avec Eve pour pervertir l'enfant pendant la grossesse. C'est très important ce que je viens de dire là. Le tout premier moyen par lequel l'on peut devenir sorcier c'est dans le ventre de sa mère. Ainsi le papa sorcier, un amant sorcier ou la maman sorcière peuvent tous pervertir la grossesse. C'est pour cela que les femmes mariées qui commettent l'adultère en trompant leur époux ont 100% de malchance de porter la mauvaise semence ou de voir leur bébé être perverti. L'état de grossesse d'une femme est un moment très délicat sur lequel on doit veiller et prier.

Ce qui s'est passé au jardin d'Eden se passe tous les jours dans nos domiciles, dans nos cités, dans les campagnes et partout d'ailleurs où un homme et une femme peuvent coucher ensemble. Il est important de comprendre que le sorcier a la nature de Satan, ce qui lui confère la capacité de coucher avec une personne autre en utilisant sa nature de démon et non sa nature humaine. Le simple fait qu'une personne, homme ou femme couche avec une autre personne seulement possédée lui crée tellement de désagréments spirituels à combien forte raison si la personne est un démon. Par exemple, lorsqu'un homme normal couche avec une femme possédée disons d'un esprit de séduction, de célibat ou de prostitution, il se charge de tous ces attributs là et c'est pour cela qu'il peut facilement divorcer de sa femme. Parce qu'il est devenu une seule chair avec cette femme possédée et entré en communion avec ses démons. Lorsqu'une femme va d'hommes en hommes, le jour où elle a la malchance de tomber sur un sorcier, il la vide de toute ses dons spirituels simplement en couchant avec elle. Pareil pour un homme qui se prostitue même comme cette étiquette est toujours collée aux femmes. La débauche sexuelle présente trop de dangers pour les justes, or c'est ce que le diable prescrit à ses adeptes. Il y même les femmes enceintes qui trompent leurs maris soit pour porter des grossesses des sorciers ou pour faire que les sorciers pervertissent le bébé de leurs matis qu'elles ont dans le ventre.

- ***Pourquoi Dieu interdit – il la débauche sexuelle ?***

Vraiment craignez Dieu. C'est lui qui a décidé de son propre gré de vous former un sexe, respectez ce sexe là, vous éviterez cinquante pour cent de vos problèmes. L'usage du sexe conformément aux prescriptions de l'Eternel n'est pas un péché. Dieu ne peut dire une chose et son contraire. Dieu a bien dit dans le livre de genèse *« Allez et multipliez-vous »* avant que le premier couple humain soit tombé sous la séduction de Satan. Pour ainsi dire que si le péché commis par Eve est lié au sexe, ce n'est pas avec son mari mais avec Satan qui s'était déguisé en homme. Dieu interdit la débauche sexuelle tout simplement parce que l'arme la plus fatale du diable c'est l'usage du sexe. Lorsque deux personnes simples couchent ensemble, il n'y a que partage simple de plaisir car les deux natures sont identiques et sans danger. Que ce soit dans le cadre de mariage ou pas, cela ne représente aucun danger en effet. Je ne veux pas dire que les rapports sexuels sont autorisés avant le mariage, mais quand on réveille l'amour sans savoir les conséquences, on le fera à coup sûr avant de se responsabiliser. Nous tous on est passé par là. Mais lorsqu'un sorcier ou une sorcière couche avec une personne simple, la fusion spirituelle est néfaste pour le ou la partenaire simple car il ou elle se livre à la corruption, à une nature impure nocive et destructrice, le corps du sorcier est impur éternellement et porte malheur toujours. C'est facile qu'à travers un rapport sexuel le partenaire sorcier possède l'autre et commence à vivre dans son corps sous forme de démon, contrôlant ainsi sa pensée. Il y a de nombreux agents sataniques qui dépensent des millions pour draguer et coucher les filles ou les femmes enceintes, demandez-vous dans quel but. Ils se passent pour des bienfaiteurs et pourtant des destructeurs, leur mission c'est pervertir le fœtus ou de voler la destinée du bébé. Chaque sorcier a sa spécialité et la majorité de leur œuvre inclus les pratiques sexuelles déshonorantes comme les fellations, la pénétration annale, la chatte etc... Au moment desquels les sorciers envoûtent leurs partenaires consentants ou non. . . Un homme qui couche une femme par voie annale ne recherche pas le plaisir sexuel car l'anus n'est pas un sexe et n'est pas un sexe ni une voie de réception des corps externes. Il veut simplement placer son serpent spirituel dans la colonne vertébrale de la femme en question. Même si c'est sa femme. J'ai déjà chassé plusieurs maris sur leurs femmes. La femme qui te demande de lui faire la chatte, si tu l'aimes est un vampire qui veut t'envoûter en te faisant lécher le sexe du serpent. Après un premier essaie tu ne la quitteras plus. Un homme sous aucun prétexte ne doit pas coucher sa femme par voie anale, c'est la détruire, la déshonorer et se détruire car vous êtes une seule chair. Un Homme normal ne peut pas demander à sa femme de lui faires de fellations : Non ! C'est la dénigrer et l'instrumentaliser, la rabaisser au stade d'animal et bien plus lui donner le cancer de gorge. La voie vaginale est la seule autorisée en temps favorable. Un homme ou une femme qui veut faire l'amour pendant les menstrues sais pourquoi il ou elle le veut.

Ne soyez pas bête ce sont des désirs ignobles de sorcellerie imposés à ces personnes par Satan. Certains violent leurs enfants devant leurs femmes pour qu'on appelle ça amour ? D'autres couchent avec des animaux et c'est toujours l'amour…

2- La descendance de Caïn

Genèse 4.18 « Hénoc engendra Irad, Irad engendra Mehujael, Mehujael engendra Metuschael, et Metuschael engendra Lemec. Genèse 4.19 *« Lemec prit deux femmes: le nom de l'une était Ada, et le nom de l'autre Tsilla. 4.20 Ada enfanta Jabal: il fut le père de ceux qui habitent sous des tentes et près des troupeaux. »* La cinquième génération de Caïn manifeste la sorcellerie au sommet en institutionnalisant la polygamie et en perpétuant le crime. Nous comprenons bien pourquoi la polygamie est une très mauvaise chose, c'est une initiative rusée des sorciers pour se multiplier à une vitesse vertigineuse et étouffer les bonnes semences, voilà pourquoi de nos jours la terre est peuplée de 78% de sorciers. *Genèse 4.21 « Le nom de son frère était Jubal: il fut le père de tous ceux qui jouent de la harpe et du chalumeau. 4.22 Tsilla, de son cote, enfanta Tubal Caïn, qui forgeait tous les instruments d'airain et de fer. La sœur de Tubal Caïn était Naama. 4.23 Lemec dit à ses femmes: Ada et Tsilla, écoutez ma voix! Femmes de Lemec, écoutez ma parole! J'ai tué un homme pour ma blessure, Et un jeune homme pour ma meurtrissure. 4.24 Caïn sera vengé sept fois, Et Lemec soixante-dix-sept fois. »* C'est encore ce *Lemec,* la cinquième génération de Caïn qui le tue pour accomplir ce que l'Eternel a dit. Non seulement il devient le premier parricide, mais un tueur en série et il perpétue ainsi le crime. Cela nous permet de comprendre aisément ce qui se cache derrière de millions de crimes qui sont commis sur la terre. C'est ce démon nommé *Lemec* qui opère derrière la polygamie, l'avortement, les religions et mouvements violents, les violences conjugales ; la maltraitance des humains, les crimes atroces de tout bord. *Genèse 4.25 « Adam connut encore sa femme; elle enfanta un fils, et l'appela du nom de Seth, car, dit-elle, Dieu m'a donnée un autre fils a la place d'Abel, que Caïn a tué. 4.26 Seth eut aussi un fils, et il l'appela du nom d'Enosch. C'est alors que l'on commença à invoquer le nom de l'Eternel. »* Bien voilà comment la race des justes a encore repris racine. C'est ainsi que les deux semences ont commencé à évoluer ensemble sur la terre. Un groupe à Eden et le mauvais groupe à l'orient d'Eden. Lorsque je parle d'Eden, je parle de l'actuel territoire de la Nation d'Israël. Je sais qu'il y a des historiens sorciers en plus qui prétendent que le jardin d'Eden c'est en Afrique. La Bible est sans pareil le livre le plus vrai de tous les temps et de tout espace. Je me contente de ce qu'elle enseigne.

3- Après le déluge

Certainement les gens ne vont cesser de dire, mais il y a eu le déluge et la lignée des sorciers s'est arrêtée, d'où sont encore venus les sorciers ? Donc parler des sorciers de nos jours est une injure peut être. C'est faux, après le déluge c'est vrai la race corrompue a été exterminée, mais Satan qui est l'artisan habile de la sorcellerie n'a pas attendu très longtemps pour pervertir la race humaine. Il a refait surface et reproduit les mêmes actes qu'il avait fait avec Eve, le monde étant à son pouvoir. Comprenez bien que si les anges de Dieu peuvent apparaître aux hommes sous des formes humaines, de la même manière Satan ou les esprits impurs, anges déchus peuvent aussi faire la même chose. C'est donc facile qu'un ange déchu séduise une femme et couche avec elle. Combien de femmes et d'hommes de nos jours rentrent des boîtes de nuit et couchent avec des sirènes des eaux qui font partie de ces anges déchus ? Ne croyez pas que tous les gens que vous croisez la nuit et même je jour sont des êtres humains. Les clubs de débauche sexuelle sont remplis des sirènes des eaux et des démons apparemment physiques au regard.

4- La sorcellerie à travers le temps et l'espace

Du moment où la terre a reçu deux types de semences, ces semences ont existé à travers le temps et l'espace. Que ce soit au milieu du peuple de Dieu, ou des païens, ces deux types de natures ont existé. Depuis la naissance de Caïn jusqu'aujourd'hui, la sorcellerie existe belle et bien. Elle est même à la mode de nos jours car le grand artisan de la séduction a réussi à faire comprendre aux gens que ça ne comporte aucun danger. Si non comment expliquer qu'en France La Franc Maçonnerie soit en train de d'organiser des conférences et des portes ouvertes pour se faire des victimes au su et su vu de tous. Les sorciers veulent tout faire pour nous convaincre de les suivre en nous disant que rien n'est dangereux dans leurs pratiques. C'est complètement faux, car il n'a que la mort qui attend tous ceux qui s'y prêtent. Le Christianisme contemporain est tout sauf ce que Jésus-Christ a institué. L'Eternel ne voulant pas la prolifération de l'ivraie parmi son peuple ordonné de ne pas laisser vivre la magicienne ou la sorcière. *Exode22.18 « Tu ne laisseras point vivre la magicienne. »* L'Eternel dit ceci parce que c'est la femme qui porte le bébé pendant neuf mois et toute femme sorcière va certainement pervertir l'enfant qu'elle porte. Pourtant l'homme magicien va essayer à travers les rapports sexuels et autres formes d'envoutement plusieurs fois avant de réussir. En effet les femmes sorcières sont dangereuses bien plus que les hommes. Cependant il est important de savoir que magicienne ou magicien, c'est pareils ce sont des sorciers, des ouvriers de Satan. *Deutéronome18.10 « Qu'on ne trouve chez toi personne qui fasse passer son fils ou sa fille par le feu, personne qui exerce le métier de devin, d'astrologue, d'augure, de magicien, 18.11d'enchanteur, personne qui consulte ceux qui évoquent les esprits ou disent la bonne aventure, personne qui interroge les morts. 18.12 Car quiconque fait ces choses est en abomination a l'Eternel; et c'est à cause de ces abominations que l'Eternel, ton Dieu, va chasser ces nations devant toi. 18.13Tu seras entièrement a l'Eternel, ton Dieu. »*

5- La sorcellerie à l'époque du Christ

Si la naissance du Christ a été prophétisée aussi longtemps d'avance, Satan s'est rassuré qu'en ce moment, le peuple Juif soit infiltré des sorciers qui devaient s'opposer à cette Mission salutaire pour l'humanité toute entière. La terre sainte à cette époque était sous la colonisation Romaine, ce qui n'est pas un petit détail en matière de sorcellerie. L'influence hautement toxique du Romanisme est présente partout dans le monde avec la Mission catholique toute obédience confondue, appelée par ignorance l'église. Vraiment je le dis à la honte de tous ceux qui croient que quelque chose de bon peut sortir du milieu catholique toutes obédiences confondues. C'est le grenier de l'ivraie, le repaire des hypocrites. Hérode au pouvoir est un méchant et symbolise le gouvernement du monde. Il ne faut pas tomber dans le piège du diable en croyant que ceux qui vous gouvernent sont des enfants de Dieu. Ils sont des créatures de Dieu investi par le diable, selon bien sûr la volonté de Dieu parce que c'est lui qui tiens le monde dans sa main.

- ***Les contradicteurs du Christ***

Parmi les juifs de l'époque, tous ceux qui venaient devant Jean le Baptiste et le Christ pour l'éprouver avec des questions étaient des sorciers, des gens ayant du mépris pour la chose divine, ils travaillaient pour le diable. De simples incrédules ne pouvaient pas pousser la hardiesse plus loin, car rien de corrompu en eux ne pouvait les y inciter. Luc 3.7 *« Il disait (Jean le Baptiste) donc à ceux qui venaient en foule pour être baptisés par lui: Races de vipères, qui vous a appris à fuir la colère à venir? 3.8 Produisez donc des fruits dignes de la repentance, et ne vous mettez pas à dire en vous-mêmes: Nous avons Abraham pour père! Car je vous déclare que de ces pierres Dieu peut susciter des enfants à Abraham. »*

Matthieu 23.13 « Malheur à vous, scribes et pharisiens hypocrites! Parce que vous fermez aux hommes le royaume des cieux; vous n'y entrez pas vous-mêmes, et vous n'y laissez pas entrer ceux qui veulent entrer.

23.14 Malheur à vous, scribes et pharisiens hypocrites! Parce que vous dévorez les maisons des veuves, et que vous faites pour l'apparence de longues prières; à cause de cela, vous serez jugés plus sévèrement. 23.15 Malheur à vous, scribes et pharisiens hypocrites! Parce que vous courez la mer et la terre pour faire un prosélyte; et, quand il l'est devenu, vous en faites un fils de la géhenne deux fois plus que vous. 23.16 Malheur à vous, conducteurs aveugles! Qui dites: Si quelqu'un jure par le temple, ce n'est rien; mais, si quelqu'un jure par l'or du temple, il est engagé. 23.17 Insensés et aveugles! Lequel est le plus grand, l'or, ou le temple qui sanctifie l'or? 23.18 Si quelqu'un, dites-vous encore, jure par l'autel, ce n'est rien; mais, si quelqu'un jure par l'offrande qui est sur l'autel, il est engagé. 23.19Aveugles! Lequel est le plus grand, l'offrande, ou l'autel qui sanctifie l'offrande? 23.20 Celui qui jure par l'autel jure par l'autel et par tout ce qui est dessus; 23.21 celui qui jure par le temple jure par le temple et par celui qui l'habite; 23.22et celui qui jure par le ciel jure par le trône de Dieu et par celui qui y est assis. 23.23 Malheur à vous, scribes et pharisiens hypocrites! Parce que vous payez la dîme de la menthe, de l'aneth et du cumin, et que vous laissez ce qui est plus important dans la loi, la justice, la miséricorde et la fidélité: c'est là ce qu'il fallait pratiquer, sans négliger les autres choses. 23.24 Conducteurs aveugles! Qui coulez le moucheron, et qui avalez le chameau. 23.25 Malheur à vous, scribes et pharisiens hypocrites! Parce que vous nettoyez le dehors de la coupe et du plat, et qu'au dedans ils sont pleins de rapine et d'intempérance. 23.26 Pharisien aveugle! Nettoie premièrement l'intérieur de la coupe et du plat, afin que l'extérieur aussi devienne net. 23.27 Malheur à vous, scribes et pharisiens hypocrites! Parce que vous ressemblez à des sépulcres blanchis, qui paraissent beaux au dehors, et qui, au dedans, sont pleins d'ossements de morts et de toute espèce d'impuretés. 23.28 Vous de même, au dehors, vous paraissez justes aux hommes, mais, au dedans, vous êtes pleins d'hypocrisie et d'iniquité. 23.29 Malheur à vous, scribes et pharisiens hypocrites! Parce que vous bâtissez les tombeaux des prophètes et ornez les sépulcres des justes, 23.30 et que vous dites: Si nous avions vécu du temps de nos pères, nous ne nous serions pas joints à eux pour répandre le sang des prophètes. 23.31 Vous témoignez ainsi contre vous-mêmes que vous êtes les fils de ceux qui ont tué les prophètes. 23.32 Comblez donc la mesure de vos pères. 23.33 Serpents, race de vipères! Comment échapperez-vous au châtiment de la géhenne? 23.34 C'est pourquoi, voici, je vous envoie des prophètes, des sages et des scribes. Vous tuerez et crucifierez les uns, vous battrez de verges les autres dans vos synagogues, et vous les persécuterez de ville en ville, 23.35 afin que retombe sur vous tout le sang innocent répandu sur la terre, depuis le sang d'Abel le juste jusqu'au sang de Zacharie, fils de Barachie, que vous avez tué entre le temple et l'autel. 23.36 Je vous le dis en vérité, tout cela retombera sur cette génération. »

- ***Juda l'Iscariote***

Juda est le prototype de sorcier que jésus expose même lors du souper pascal, mais qui bouche ses oreilles et accompli les desseins de son maître. Jésus l'a choisi en connaissance de cause : mais il se disait plutôt très rusé pour avoir infiltré le cercle intime du Christ. Jésus le désigne par son IDENTITE SPIRITUELLE, UN DEMON : *Jean 6.70 « Jésus leur répondit: N'est-ce pas moi qui vous ai choisis, vous les douze? Et l'un de vous est un Démon ! »* Saisissez bien le sens, il ne dit pas que celui-là *'a'* un démon, mais qu'il *'est'* un démon. Nous savons que les démons sont des anges déchus qui ont suivi Satan dans sa rébellion contre l'Eternel. Cette rébellion eut lieu bien avant la création de l'homme. Ce qui donne le pouvoir à Satan soit de substituer ces démons aux âmes des bébés, ce que le Roi David appelle perversion ou d'introduire ce démon dans ton corps lorsque tu es une bonne semence. C'est ce qu'on appelle possession démoniaque. Jésus l'appelle *'fils de la perdition'* sans exagération car il est égaré dès la sortie du ventre de sa mère. Dieu l'a juste utilisé à bon escient … Qui d'autre parmi les Apôtres pouvait avoir un tel courage, une telle détermination ?

- ***Simon le magicien***

Nous avons ici un magicien qui se trouve stupéfait par l'œuvre du Saint-Esprit, mais comme le diable se croit toujours sage et pourtant le plus bête, il veut acheter la puissance du Saint-Esprit pour gagner plus en notoriété. La Parole de Dieu dit qu'il crut au nom de jésus réellement et se fit baptiser. Lisons dans le passage phare de cette fausse conversion qui justifie la présence massive dans l'Eglise de nos jours. *Actes 8.9 « Il y avait auparavant dans la ville un homme nommé Simon, qui, se donnant pour un personnage important, exerçait la magie et provoquait l'étonnement du peuple de la Samarie. 8.10 Tous, depuis le plus petit jusqu'au plus grand, l'écoutaient attentivement, et disaient: Celui-ci est la puissance de Dieu, celle qui s'appelle la grande. 8.11 Ils l'écoutaient attentivement, parce qu'il les avait longtemps étonnés par ses actes de magie. »*

Actes 8.12 « Mais, quand ils eurent cru à Philippe, qui leur annonçait la bonne nouvelle du royaume de Dieu et du nom de Jésus Christ, hommes et femmes se firent baptiser. 8.13 Simon lui-même crut, et, après avoir été baptisé, il ne quittait plus Philippe, et il voyait avec étonnement les miracles et les grands prodiges qui s'opéraient. 8.14 Les apôtres, qui étaient à Jérusalem, ayant appris que la Samarie avait reçu la parole de Dieu, y envoyèrent Pierre et Jean. 8.15 Ceux-ci, arrivés chez les Samaritains, prièrent pour eux, afin qu'ils reçussent le Saint Esprit. 8.16 Car il n'était encore descendu sur aucun d'eux; ils avaient seulement été baptisés au nom du Seigneur Jésus. 8.17 Alors Pierre et Jean leur imposèrent les mains, et ils reçurent le Saint Esprit. »

Actes 8.18 « Lorsque Simon vit que le Saint Esprit était donné par l'imposition des mains des apôtres, il leur offrit de l'argent, 8.19 en disant: Accordez-moi aussi ce pouvoir, afin que celui à qui j'imposerai les mains reçoive le Saint Esprit. » Vous comprenez bien que dans les vraies Assemblées chrétiennes il y des magiciens comme Simon qui attendent le moment opportun pour prendre le contrôle de l'assemblée. C'est ce qui arrive aux vrais pasteurs qui n'ont pas encore percé l'abcès de la sorcellerie. Ils commencent bien le Ministère et finissent souvent mal ou alors se compromettent à cause de la présence autour d'eux des faux ouvriers, des faux convertis. Croire en Jésus et aller au Baptême ne veut pas dire abandonner la sorcellerie. *Actes 8.20 « Mais Pierre lui dit: Que ton argent périsse avec toi, puisque tu as cru que le don de Dieu s'acquérait à prix d'argent! 8.21 Il n'y a pour toi ni part ni lot dans cette affaire, car ton cœur n'est pas droit devant Dieu. »* Pierre discerne directement qu'il s'agit d'un sorcier qui ne peut pas avoir part dans cette affaire du salut, c'est normal d'être direct car le vrai serviteur recherche la qualité de personnes et non la quantité. Actes 8.22 *« Repens-toi donc de ta méchanceté, et prie le Seigneur pour que la pensée de ton cœur te soit pardonnée, s'il est possible; »* Donc c'est un méchant, mais est-il possible qu'il soit pardonné? Non ! *Actes 8.23 « Car je vois que tu es dans un fiel amer et dans les liens de l'iniquité. »* Ecoutez la réponse de quelqu'un qui sait qui il est vraiment. *Actes 8.24 « Simon répondit: Priez vous-mêmes le Seigneur pour moi, afin qu'il ne m'arrive rien de ce que vous avez dit. »* Comme pour dire, ça m'est égal, désormais je ferai comme vous par le prince de la puissance de l'air. C'est ce qui se passe de nos jours dans les millions de ministères sataniques financés par les gourous, où les gens tombent en transe tous les ans sans jamais être délivrés. Dans les lieux de prières charismatiques.

- ***Les exorcistes juifs***

L'exorcisme c'est une pratique satanique pure et simple, il n'y a pas de débat là-dessus, car il n'y a pas de bonne sorcellerie. Il n'y a pas de bon prêtre ou pasteur exorciste, tous travaillent pour le diable et font seulement du troc entre une guérison de quelques jours et vos dons spirituels. *Actes 19.13 « Quelques exorcistes juifs ambulants essayèrent d'invoquer sur ceux qui avaient des esprits malins le nom du Seigneur Jésus, en disant: Je vous conjure par Jésus que Paul prêche! 19.14 Ceux qui faisaient cela étaient sept fils de Scéva, Juif, l'un des principaux sacrificateurs. 19.15 L'esprit malin leur répondit: Je connais Jésus, et je sais qui est Paul; mais vous, qui êtes-vous? 19.16 Et l'homme dans lequel était l'esprit malin s'élança sur eux, se rendit maître de tous deux, et les maltraita de telle sorte qu'ils s'enfuirent de cette maison nus et blessés. 19.17 Cela fut connu de tous les Juifs et de tous les Grecs qui demeuraient à Éphèse, et la crainte s'empara d'eux tous, et le nom du Seigneur Jésus était glorifié. »* Raison pour laquelle tous ces faux pasteurs ont des gardes de corps, ils ont peur de rencontrer des démons violents qui n'aiment pas qu'on les dérange. A part cela toutes autres cérémonies qui se déroulent dans ces salles sont des mises en scènes. Pour convaincre les gens à venir vider leur compte bancaire et même livrer leur âme par ignorance au gourou, ils recrutent d'autres sorciers pour des simulations et des faux témoignages.

- ***Les faux ouvriers dont parle Jésus***

Jésus n'a cessé de mettre en garde les lecteurs de la bible contre ces faussaires. *Matthieu 7.15 « Gardez-vous des faux prophètes. Ils viennent à vous en vêtement de brebis, mais au dedans ce sont des loups ravisseurs. »* Le Seigneur nous donne des indices pour reconnaitre ces ouvriers d'iniquité.

Matthieu 7.16 « Vous les reconnaîtrez à leurs fruits. Cueille-t-on des raisins sur des épines, ou des figues sur des chardons? 7.17 Tout bon arbre porte de bons fruits, mais le mauvais arbre porte de mauvais fruits. 7.18 Un bon arbre ne peut porter de mauvais fruits, ni un mauvais arbre porter de bons fruits. 7.19 Tout arbre qui ne porte pas de bons fruits est coupé et jeté au feu. 7.20 C'est donc à leurs fruits que vous les reconnaîtrez. » Si c'est réellement au nom de Jésus qu'un serviteur chasse les démons, ces démons partiront, immédiatement et ne reviendront plus. Mais comment se fait-il que ces ouvriers utilisent le non de Jésus et les démons sont toujours là ? C'est le nom du '*petit jésus' né le 25 décembre à Rome qu'ils prononcent.*

Matthieu 7.21 « Ceux qui me disent: Seigneur, Seigneur! N'entreront pas tous dans le royaume des cieux, mais celui-là seul qui fait la volonté de mon Père qui est dans les cieux. 7.22 Plusieurs me diront en ce jour-là: Seigneur, Seigneur, n'avons-nous pas prophétisé par ton nom? N'avons-nous pas chassé des démons par ton nom? Et n'avons-nous pas fait beaucoup de miracles par ton nom? 7.23 Alors je leur dirai ouvertement: Je ne vous ai jamais connus, retirez-vous de moi, vous qui commettez l'iniquité. 7.24 C'est pourquoi, quiconque entend ces paroles que je dis et les met en pratique, sera semblable à un homme prudent qui a bâti sa maison sur le roc. 7.25 La pluie est tombée, les torrents sont venus, les vents ont soufflé et se sont jetés contre cette maison: elle n'est point tombée, parce qu'elle était fondée sur le roc. 7.26 Mais quiconque entend ces paroles que je dis, et ne les met pas en pratique, sera semblable à un homme insensé qui a bâti sa maison sur le sable. 7.27 La pluie est tombée, les torrents sont venus, les vents ont soufflé et ont battu cette maison: elle est tombée, et sa ruine a été grande. »

Matthieu 24.11 « Plusieurs faux prophètes s'élèveront, et ils séduiront beaucoup de gens. 24.12 Et, parce que l'iniquité se sera accrue, la charité du plus grand nombre se refroidira. 24.13 Mais celui qui persévérera jusqu'à la fin sera sauvé. »

Matthieu 24.24 « Car il s'élèvera de faux Christs et de faux prophètes; ils feront de grands prodiges et des miracles, au point de séduire, s'il était possible, même les élus. 24.25 Voici, je vous l'ai annoncé d'avance. 24.26 Si donc on vous dit: Voici, il est dans le désert, n'y allez pas; voici, il est dans les chambres, ne le croyez pas. 24.27 Car, comme l'éclair part de l'orient et se montre jusqu'en occident, ainsi sera l'avènement du Fils de l'homme. 24.28 En quelque lieu que soit le cadavre, là s'assembleront les aigles. »

Marc 13.22 « Car il s'élèvera de faux Christs et de faux prophètes; ils feront des prodiges et des miracles pour séduire les élus, s'il était possible. 13.23 Soyez sur vos gardes: je vous ai tout annoncé d'avance. » Luc 6.26 « Malheur, lorsque tous les hommes diront du bien de vous, car c'est ainsi qu'agissaient leurs pères à l'égard des faux prophètes! »

2Pierre 2.1 « Il y a eu parmi le peuple de faux prophètes, et il y aura de même parmi vous de faux docteurs, qui introduiront des sectes pernicieuses, et qui, reniant le maître qui les a rachetés, attireront sur eux une ruine soudaine. 2.2 Plusieurs les suivront dans leurs dissolutions, et la voie de la vérité sera calomniée à cause d'eux. 2.3Par cupidité, ils trafiqueront de vous au moyen de paroles trompeuses, eux que menace depuis longtemps la condamnation, et dont la ruine ne sommeille point. »

2Corinthiens 11.13 « Ces hommes-là sont de faux apôtres, des ouvriers trompeurs, déguisés en apôtres de Christ. 11.14 Et cela n'est pas étonnant, puisque Satan lui-même se déguise en ange de lumière. 11.15 Il n'est donc pas étrange que ses ministres aussi se déguisent en ministres de justice. Leur fin sera selon leurs œuvres. » C'est donc dire que les faux ministres sont des ministres de Satan. Satan a aussi des ministres et comme je vous l'ai dit, tous les sorciers travaillent pour lui. *Philippiens3.2 « Prenez garde aux chiens, prenez garde aux mauvais ouvriers, prenez garde aux faux circoncis. »* Tous ces gens qui ont confessé le petit jésus et les supers pasteurs les ont décrété chrétiens nés de nouveau par enchantement.

- ***Les magiciens et les devins***

Simon le magicien n'a pas été le seul à croire en Jésus-Christ au commencement de l'Eglise, nous apprenons ici que plusieurs d'autres l'ont fait. Il reste toujours une seule question : ils ont brulé les livres certes, mais ont-ils abandonné la sorcellerie ? La réponse est non ! Cela s'est passé ainsi ce jour-là, mais ils ont repris leurs balais de sorciers après tout en restant parmi les croyants pour se passer pour des Christiens. Ce qui me fait dire que l'Eglise primitive a débuté une fois avec des infiltrés. Seulement ceux-ci ne pouvaient pas supporter le rythme car le Saint-Esprit était en mouvement intense, ce qui les démasquait lors des rencontres Christiennes. Les sorciers se battaient pour faire partie de l'Eglise mais c'était impossible car la fondation était sainte. Or tel n'est pas le cas de nos jours, les Assemblées sont des bouillons de foin. *Actes 19.18 « Plusieurs de ceux qui avaient cru venaient confesser et déclarer ce qu'ils avaient fait. 19.19 Et un certain nombre de ceux qui avaient exercé les arts magiques, ayant apporté leurs livres, les brûlèrent devant tout le monde: on en estima la valeur à cinquante mille pièces d'argent. »* Bruler les livres c'est rien, ils en achèteront d'autres, ils ne laisseront jamais la sorcellerie.

- ***Bar Jésus, magicien, faux prophète juif***

Ici nous prenons acte que les magiciens ne veulent pas le bien du Roi ni du peuple. Ils ne veulent pas que les gens croient en Jésus-Christ. C'est cela l'*Antichrist.* Vous n'avez qu'à comprendre comment l'apôtre Paul le qualifie. C'est pour nous servir d'exemple que Paul parle ainsi ? Il ne faut pas caresser le sorcier, il faut le reprendre sévèrement et l'exposer. C'est en se comportant ainsi que le Seigneur agit puissamment sur le terrain de l'évangélisation ou dans ta vie Christienne face à l'adversité. Actes 13.6 *« Ayant ensuite traversé toute l'île jusqu'à Paphos, ils trouvèrent un certain magicien, faux prophète juif, nommé Bar Jésus, 13.7 qui était avec le proconsul Sergius Paulus, homme intelligent. Ce dernier fit appeler Barnabas et Saul, et manifesta le désir d'entendre la parole de Dieu. » Actes 13.8 « Mais Élymas, le magicien, -car c'est ce que signifie son nom, - leur faisait opposition, cherchant à détourner de la foi le proconsul. 13.9 Alors Saul, appelé aussi Paul, rempli du Saint Esprit, fixa les regards sur lui, et dit: 13.10 Homme plein de toute espèce de ruse et de fraude, fils du diable, ennemi de toute justice, ne cesseras-tu point de pervertir les voies droites du Seigneur? 13.11 Maintenant voici, la main du Seigneur est sur toi, tu seras aveugle, et pour un temps tu ne verras pas le soleil. Aussitôt l'obscurité et les ténèbres tombèrent sur lui, et il cherchait, en tâtonnant, des personnes pour le guider. »*

- ***Les sorciers du livre d'Apocalypse***

Le livre d'apocalypse regorge des mentions importantes sur les fils du malin. Ces gens que les Vraies Assemblées Christiennes ne doivent supporter sous aucun prétexte. Des menteurs ils y en a de trop aujourd'hui, ils trônent à la tête des supers ministères avec un luxe insolent pendant que les ouailles croupissent dans la misère. *Apocalypse 2.1 Écris à l'ange de l'Église d'Éphèse: Voici ce que dit celui qui tient les sept étoiles dans sa main droite, celui qui marche au milieu des sept chandeliers d'or: 2.2Je connais tes œuvres, ton travail, et ta persévérance. Je sais que tu ne peux supporter les Méchants; que tu as éprouvé ceux qui se disent apôtres et qui ne le sont pas, et que tu les as trouvés menteurs;*

Aujourd'hui lorsque je dénonce les doctrines et les œuvres des méchants les gens trouvent que je ne suis pas un Pasteur. *« Un pasteur ne parle pas comme ça..., tu es seulement jaloux de lui... ! Jésus a dit de ne pas juger, tu juges les gens, fais ta part et laisse les gens tranquilles... »* Que ne dit-on pas ? Mais cela ne me surprends pas car je sais qui le dit. Pour les gens de ce siècle, le bon pasteur c'est celui qui tolère, qui permet de violer les commandements de Dieu au nom de l'amour, qui accepte tout par amour, justifie tout par la grâce, et couvre les excréments pour manger au nom du vivre ensemble. Ecoutez bien ce que dis le Christ ressuscité :

Apocalypse 2.6 « Tu as pourtant ceci, c'est que tu hais les œuvres des Nicolaïtes, œuvres que je hais aussi. » Apocalypse 2.14 « Mais j'ai quelque chose contre toi, c'est que tu as là des gens attachés à la doctrine de Balaam, qui enseignait à Balak à mettre une pierre d'achoppement devant les fils d'Israël, pour qu'ils mangeassent des viandes sacrifiées aux idoles et qu'ils se livrassent à l'impudicité. 2.15 De même, toi aussi, tu as des gens attachés pareillement à la doctrine des Nicolaïtes. »

- ***Qu'en est-il des femmes Pasteurs ?***

Selon la Bible, le pasteur est un berger, sa femme est une bergère, c'est dans ce sens qu'on peut appeler une femme pasteur car elle est l'aide de son mari. Et c'est un rôle prépondérant dans l'Assemblée. Et jusque-là elle est assignée à un rôle secondaire comme toutes les autres femmes d'ailleurs. Dieu a-t-il confié ses oracles aux femmes ? Non ! Donc lorsqu'une femme dite pasteur n'est pas femme de pasteur c'est anti scripturaire. Les femmes pasteurs, ces femmes prophétesses ou non qui ont créé des Ministères ? C'est simplement du *Jézabelisme*…Ce sont des sorcières condamnées à mort qui se disent au service de l'évangile.

Apocalypse 2.20 « Mais ce que j'ai contre toi, c'est que tu laisses la femme Jézabel, qui se dit prophétesse, enseigner et séduire mes serviteurs, pour qu'ils se livrent à l'impudicité et qu'ils mangent des viandes sacrifiées aux idoles.2.21Je lui ai donné du temps, afin qu'elle se repentît, et elle ne veut pas se repentir de son impudicité. 2.22Voici, je vais la jeter sur un lit, et envoyer une grande tribulation à ceux qui commettent adultère avec elle, à moins qu'ils ne se repentent de leurs œuvres. 2.23 Je ferai mourir de mort ses enfants; et toutes les Églises connaîtront que je suis celui qui sonde les reins et les cœurs, et je vous rendrai à chacun selon vos œuvres. » Pouvez-vous honnêtement de nos jours identifier les synagogues de Satan ? Désigner certaines congrégations comme appartenant à Satan ? Non ! Par peur de la persécution. Pourtant Christ en a identifié. *Apocalypse 3.9 « Voici, je te donne de ceux de la synagogue de Satan, qui se disent Juifs et ne le sont pas, mais qui mentent; voici, je les ferai venir, se prosterner à tes pieds, et connaître que je t'ai aimé.3.10Parce que tu as gardé la parole de la persévérance en moi, je te garderai aussi à l'heure de la tentation qui va venir sur le monde entier, pour éprouver les habitants de la terre. »* Voici un conseil pour ceux qui cherchent l'équilibre, la tolérance, le vivre ensemble, ou la tiédeur. Soyez fervent d'esprit et choisissez votre camp désormais. *Apocalypse 3.15 « Je connais tes œuvres. Je sais que tu n'es ni froid ni bouillant. Puisses-tu être froid ou bouillant!3.16 Ainsi, parce que tu es tiède, et que tu n'es ni froid ni bouillant, je te vomirai de ma bouche. 3.17 Parce que tu dis: Je suis riche, je me suis enrichi, et je n'ai besoin de rien, et parce que tu ne sais pas que tu es malheureux, misérable, pauvre, aveugle et nu, 3.18 je te conseille d'acheter de moi de l'or éprouvé par le feu, afin que tu deviennes riche, et des vêtements blancs, afin que tu sois vêtu et que la honte de ta nudité ne paraisse pas, et un collyre pour oindre tes yeux, afin que tu voies. »* Les sorciers sont infiniment têtus, malgré de multiples fléaux imputés aux humains sur la terre, la Bible nous fait comprendre clairement que ni dans ce siècle, ni dans le siècle prochain les magiciens ne changeront. Ils vont camper dans leur position de déchus car les dés ont déjà été jetés. *Apocalypse 9.20 « Les autres hommes qui ne furent pas tués par ces fléaux ne se repentirent pas des œuvres de leurs mains, de manière à ne point adorer les démons, et les idoles d'or, d'argent, d'airain, de pierre et de bois, qui ne peuvent ni voir, ni entendre, ni marcher; 9.21et ils ne se repentirent pas de leurs meurtres, ni de leurs enchantements, ni de leur impudicité ni de leurs vols. »*

6- La sorcellerie et sa transmission

La sorcellerie peut se transmettre de différentes manières quoique le première et la plus vielle manière est la perversion du fœtus. La seconde manière est l'initiation : Une personne simple ou juste peut être aussi pervertie en se faisant initier dans les loges sataniques telles la Franc-Maçonnerie, la Rose croix, le Bouddhisme, les loges Illuminatifs, et toutes autres loges diaboliques quel que soit l'appellation ou le continent de provenance. La sorcellerie ou la magie n'a rien de bon, que le diable ne vous séduise pas. La troisième manière de devenir sorcier c'est à travers la lecture et la méditation des livres sataniques. Les enseignements hérétiques pervertis, les doctrines de démons comme on appelle le plus souvent et surtout leurs pratiques. Lorsque vous avez accès à ces livres, ce que vous voyez écrit n'est pas ce que votre cerveau retient. Les écritures des livres et tout autre support exotériques sont superposés sur des codes sataniques ou des incantations diaboliques. En parcourant ces lignes vous déchiffrez ces codes sataniques qui attirent vers vous des esprits impurs. Ces esprits impurs se précipitent sur vous et entrent en vous à partir de votre cerveau. Commencent à contrôler celui-ci et c'est après plusieurs jours voire des mois de possessions que les sorciers se présentent à vous physiquement pour vous enrôler dans les milieux occultes. Je cite par exemple le

« réveillez-vous et tour de garde des témoins de Jéhovah.» cela a l'air d'un journal d'évangélisation, et d'interpellation, mais c'est un instrument de choix entre les mains du diable pour posséder les âmes faibles et les entraîner dans leur royaume de saleté. C'est aussi un moyen de communication mystique avec les sorciers de par le monde pour un rassemblement massif. C'est pour cela que les sorciers sont pleins dans le royaume satanique en question. N'oubliez pas ils appellent leur lieu de rassemblement : *« salle du royaume des Témoins de Jéhovah et non le royaume de Jéhovah. »* Et même si c'était les cas, Jéhovah n'est pas et n'a jamais été le Nom du Dieu d'Israël.

7- Les dangers de l'occultisme

L'occultisme sous toutes ses formes, l'ésotérisme qu'il soit traditionnel ou moderne, la magie quel que soit sa couleur et le peuple qui la pratique, tout ce que Dieu interdit est mauvais pour l'âme. Le sort de tous ceux qui se livrent à de telles pratiques est ainsi révélé dans le livre de l'Apocalypse. *Apocalypse 14.8 « Et un autre, un second ange suivit, en disant: Elle est tombée, elle est tombée, Babylone la grande, qui a abreuvé toutes les nations du vin de la fureur de son impudicité! 14.9Et un autre, un troisième ange les suivit, en disant d'une voix forte: Si quelqu'un adore la bête et son image, et reçoit une marque sur son front ou sur sa main, 14.10 il boira, lui aussi, du vin de la fureur de Dieu, versé sans mélange dans la coupe de sa colère, et il sera tourmenté dans le feu et le soufre, devant les saints anges et devant l'agneau. 14.11Et la fumée de leur tourment monte aux siècles des siècles; et ils n'ont de repos ni jour ni nuit, ceux qui adorent la bête et son image, et quiconque reçoit la marque de son nom. » Apocalypse 21.7 « Celui qui vaincra héritera ces choses; je serai son Dieu, et il sera mon fils. 21.8 Mais pour les lâches, les incrédules, les abominables, les meurtriers, les impudiques, les enchanteurs, les idolâtres, et tous les menteurs, leur part sera dans l'étang ardent de feu et de soufre, ce qui est la seconde mort. »* La mort de l'âme en ce moment. Satan enseigne aux gens tous les jours que l'âme ne meut pas, est-ce vrai ? La Bible répond que *« l'âme qui pèche c'est elle qui mourra. »* Les sorciers croient que comme ils sortent délibérément de leur corps pour faire le voyage partout dans le monde, ils sont immortels, pourtant c'est faux, ils sont condamnés à mort contrairement à ce que leur *seigneur* leur dit *« vous êtes des dieux.»*

8- Les dangers de l'idolâtrie

1 Corinthiens10.20 « Je dis que ce qu'on sacrifie, on le sacrifie à des démons, et non à Dieu; or, je ne veux pas que vous soyez en communion avec les démons.10.21 Vous ne pouvez boire la coupe du Seigneur, et la coupe des démons; vous ne pouvez participer à la table du Seigneur, et à la table des démons. » ceci concerne tous ceux qui prétendent avoir cru en Jésus-Christ et participent encore aux rituels traditionnels au sein de leur familles, pour faire plaisir aux parents ou alors simplement éviter la persécution. Honorer ses parents ne veut pas dire accepter le contraire de la vérité Biblique. C'est comme être sous la grâce ne veut pas dire rejeter la LOI. Le culte mixte est trop rependu dans les églises de nos jours parce que les gens ne sont pas radicaux, aussi parce que ceux qui les ont converti ne le sont pas non plus. Je ne peux pas compter combien de vrais enfants de Dieu ont encore les photos de Jésus, des photos de certains faux pasteurs accrochées sur leur murs, collés sur les portes et fenêtres, des chapelets accrochés au volant de la voiture, combien ont même des amulettes et des écorces gardées dans les valises ou dans un coin de la chambre pour se protéger. Tous ceux qui célèbrent les fêtes idolâtriques catholiques ne sont pas moins à blâmer…

9- Les Autel familiers

Demandons-nous réellement ce qui se cache derrière les coutumes des peuples pour que Dieu les déclare vaines. C'est Satan le diable qui est derrière les coutumes des peuples. C'est lorsqu'on rencontre Jésus-Christ et qu'on chemine avec lui longtemps qu'on est capable de confesser cela à haute et intelligible voix, parce qu'avec le temps on a vu l'impuissance des traditions, des rites et des coutumes ancestrales. Je prends l'exemple de ce qui se passe dans nos pays Africains où on appelle les chefs traditionnels les gardiens des traditions. Ce sont en fait des pouvoirs, des autorités, des dominateurs installés par Satan pour gouverner le monde. C'est la même chose des royaumes et palais présidentiels des nations. Le Siège de L'O.N.U *(Organisation des nations Unies)* c'est le deuxième grand palais, grand autel de Satan au monde après le Saint Siège. Le monde est au pouvoir du malin qui le dirige au travers des chefs d'Etats, gouverneurs, rois, chefs traditionnels, notables, chefs de familles à de différents degrés. Et toutes ces instances-là sont des autels dédiés aux démons sur lesquels ces gardiens font des sacrifices. Chaque famille sur la face de la terre a un autel familier qui est dédié soit à Dieu pour les familles Christiennes et Israelites soit alors au diable pour les familles mondaines. Chose curieuse, tous les grands carrefours de nos villes sont consacrés aux démons. *Jeremie10.2 « Ainsi parle l'Eternel: N'imitez pas la voie des nations, Et ne craignez pas les signes du ciel, Parce que les nations les craignent.10.3 Car les coutumes des peuples ne sont que vanité. On coupe le bois dans la forêt; La main de l'ouvrier le travaille avec la hache; 10.4 On l'embellit avec de l'argent et de l'or, On le fixe avec des clous et des marteaux, Pour qu'il ne branle pas. 10.5 Ces dieux sont comme une colonne massive, et ils ne parlent point; On les porte, parce qu'ils ne peuvent marcher. Ne les craignez pas, car ils ne sauraient faire aucun mal, Et ils sont incapables de faire du bien. »* Mais attention, derrière ces dieux se cachent des démons, des sorciers, des gens comme vous et moi qui vous manipulent à travers. Prétextant que c'est aux dieux que vous sacrifiez. Les gens qui vous aident à offrir des sacrifices sur des crânes ou dans des hauts lieux et forêts de sorcellerie du village sont des sorciers. Même si c'est ton papa, sache qu'il est sorcier, parce que si tu ne l'es pas, tu ne peux pas invoquer un esprit jusqu'à ce qu'il se manifeste et tu causes avec lui. *1corinthiens 8.5 « Car, s'il est des êtres qui sont appelés dieux, soit dans le ciel, soit sur la terre, comme il existe réellement plusieurs dieux et plusieurs seigneurs, 8.6 néanmoins pour nous il n'y a qu'un seul Dieu, le Père, de qui viennent toutes choses et pour qui nous sommes, et un seul Seigneur, Jésus Christ, par qui sont toutes choses et par qui nous sommes. 8.7 Mais cette connaissance n'est pas chez tous. »*

10- Les dangers de la polygamie

Lorsque les gens lisent la Bible et apprennent l'existence des polygames au milieu du peuple de Dieu, ils font comme cela était une prescription de Dieu à son peuple. Le Seigneur Jésus nous a bien précisé que dès le jardin d'Eden Il était question d'un homme et une femme, en ce qui concerne le mariage. La polygamie est à l'origine une invention satanique. C'est un descendant de Caïn à la troisième génération qui invente et instaure cela. *Genèse 4.19 « Lemec prit deux femmes: le nom de l'une était Ada, et le nom de l'autre Tsilla.* Si Dieu a toléré à un certain moment et à des occasions de partages de butins de guerre par exemple ou de pratique d'esclavage, de mariage léviratique, cela ne veut pas dire que c'était le plan parfait de Dieu. Et bien plus la polygamie pratiquée par les enfants de Dieu ne pouvait en aucun cas être comparée à celle pratiquée au milieu des mondains. Pour la simple raison que la loi de Dieu demandait de ne pas laisser la sorcière vivre.

Si un homme épouse plusieurs femmes et parmi ces femmes il n'y a pas de sorcière, je ne vois aucun problème en cela. Le Malheur vient de la femme sorcière. Si dans un couple polygame de cent femmes il y a une seule sorcière, c'est la catastrophe… IL faut donc comprendre pourquoi Abraham, David, Salomon etc. pouvaient avoir plusieurs femmes sans que le problème de sorcellerie ne se pose. Les douze tribus d'Israël sont issues de la polygamie. Mais pas le genre que nous vivons dans le monde avec tellement de problèmes.

A la question de savoir si un Christien peut être polygame ? Je dirais oui. En effet Dieu n'interdit pas explicitement la polygamie, même chez les Christiens, il est interdit seulement et formellement aux serviteurs et servantes *(diaconesses)* de l'Eternel d'être polygames. Car ce sont des couples modèles de Dieu. Au cas contraire le mariage léviratique ne pourrait pas être accompli. Pourtant c'était le cas dans l'antiquité juive et à l'Eglise primitive qui était essentiellement juive. Un homme pouvait devenir polygame par la force des choses. Son frère épouse une femme et décède sans faire d'enfant avec elle : l'autre frère qui a les moyens de prendre en charge cette femme dans la famille en est obligé. On ne va pas répudier la femme de cette famille pour s'accaparer des biens de ce défunt frère. Car il faut susciter une postérité à ce frère décédé. C'est le mariage léviratique. Maintenant pour les soit disant *'chrétiens'* qui se dressent contre la polygamie par ignorance, je crois qu'il faut savoir que l'Eglise de Jésus-Christ étais fondée sur le peuple juif essentiellement. Les pasteurs parfois mal enseignés et éclairés doivent revoir leurs enseignements. J'ai posé la question de savoir ce que fera un polygame qui croit en Jésus-Christ avec ses femmes à un pasteur, il m'a répondu qu'il choisira une parmi elles pour vivre le Christianisme et répudier les autres ? Vraiment j'ai perdu la mémoire quelques instants avant de lui redemander si à la résurrection les hommes prendront des femmes.

4ème PARTIE : LES SORCIERS ET LE SALUT

1-Les sorciers se convertissent-ils ?

La réponse est un non catégorique : *Proverbes 16.4 « L'Eternel a tout fait pour un but, Même le méchant pour le jour du malheur. 16.5 Tout cœur hautain est en abomination à l'Eternel; Certes, il ne restera pas impuni. »* Si cela était possible, Caïn se serait repenti réellement. Simon le magicien, le cas typique de fausse conversion se serait débarrassé de la sorcellerie même avec le temps en persévérant parmi les frères en Christ. Juda l'Iscariote en trois ans et plus de Ministère auprès du Christ aurait changé de camp. *Psaumes 92.7 « Si les méchants croissent comme l'herbe, Si tous ceux qui font le mal fleurissent, C'est pour être anéantis a jamais. 92.8Mais toi, tu es le Très Haut, A perpétuité, o Eternel! 92.9Car voici, tes ennemis, o Eternel! Car voici, tes ennemis périssent; Tous ceux qui font le mal sont disperses. » Proverbes 3.32 « Car l'Eternel a en horreur les hommes pervers, Mais il est un ami pour les hommes droits; 3.33 La malédiction de l'Eternel est dans la maison du méchant, Mais il bénit la demeure des justes; 3.34 Il se moque des moqueurs, Mais il fait grâce aux humbles; » Proverbes 14.32 « Le méchant est renversé par sa méchanceté, Mais le juste trouve un refuge même en sa mort. »*

2-Peut-on délivrer quel qu'un de la sorcellerie ?

La réponse est encore un non catégorique ! La délivrance concerne les personnes qui ont été possédées par un ou plusieurs démons. Ces démons ont fait de son corps leur lieu d'habitation. C'est le cas des personnes qui adhèrent par exemple à une secte pernicieuses sans savoir. Elles sont possédées par le démon chef de la secte. C'est possible de les délivrer s'ils confessent et veulent en être libérés. Mais dans la majorité de cas c'est le silence, ils sont sous la menace du diable. Je prends l'exemple palpable et courant de la Franc-Maçonnerie ou de la Rose croix. Les vrais Francs-Maçons ou Rosicruciens sont des sorciers et on ne peut rien pour eux. Maintenant les personnes simples qui ont été enrôlés dans leurs rangs sont des vendus au prix de rien. Elles sont juste possédées, mais leur délivrance n'est pas possible à cause du fait qu'ils ont peur de Satan et pratiquent la politique de l'autruche lorsque vous abordez ce sujet pour leur bien. Et aussi parce que les vrais hommes de Dieu s'y prennent mal. Or un sorcier est un démon lui-même, l'esprit qui est en lui est un démon. Le délivrer est synonyme de le tuer. J'ai constaté lors des séances de délivrance que les sorciers provoquent eux-mêmes les transes pour manipuler les pasteurs. Exercer le Ministère de Délivrance nécessite du discernement pour ne pas tomber dans le piège de Satan. Et si un pasteur le fait, ignorant le dossier *d'identité spirituelle*, il tombera à coup sûr dans le piège des manipulatrices, des sorcières qui prophétisent et détournent les croyants.

3- Y a-t-il un remède contre la sorcellerie ?

La réponse est toujours un non catégorique ! Je pouvais bien dire oui mais comme ce remède n'est jamais accepté par les sorciers eux-mêmes, il est honnête de dire qu'il n'y en a pas. Parce qu'un tel remède prescrit par Dieu aux adeptes du diable n'est pas bon marché. Il suffit à un sorcier de résister au péché, à la sorcellerie lorsqu'elle le sollicite. Mais combien peuvent le faire ? Combien l'ont fait depuis Caïn ? Aucun ! Ce n'est donc pas maintenant ou à l'avenir qu'ils le feront. J'ai persillèrent en 2013 demandé à une sorcière que le Saint- Esprit a démasqué dans mon Ministère lors d'une séance de prière de s'engager à abandonner la sorcellerie, elle m'a répondu que ce n'étais pas facile et elle a préféré quitter le Ministère. Gloire à Dieu plusieurs autres sorcières qui occupaient les places et nous nuisaient ont disparu peu à peu de manière qu'il est resté juste un petit groupe de dix vrais disciples sur une cinquantaine.

Comment cela est-il du moins possible ? En méditant et pratiquant scrupuleusement la LOI de Dieu. Les sorciers ont nombreux dans les Assemblées dites *'chrétiennes'* de nos jours de manière que certaines Assemblées sont purement à connotation diabolique, parce que le faux Christianisme a pris le dessus sur le Vrai. Le Christianisme a été contrefait depuis des siècles, ce qui fait que de nos jours par exemple on appelle les clients du catholicisme *'chrétiens'*. C'est par ignorance parce que dans la pratique du catholicisme rien n'est recommandé par la Bible, Parole de Dieu. Le Christ a été remplacé par un bébé né à Rome le 25 Décembre - Le dimanche a remplacé le Samedi - La messe a remplacé les enseignements-la récitation a remplacé la prière - Marie reine du ciel, un démon bien décrit par le prophète Jérémie s'est projetée à la tête de l'église et y trône en tant que mère des dieux. Vous-mêmes dites-moi si quelque chose de bon peut sortir d'un tel milieu ? Satan et ses serviteurs menteurs et meurtriers n'aime pas être soumis à la saine doctrine. Aucun sorcier n'acceptera changer de camps, ils savent qu'ils sont comme des *dieux*, juste à cause du simple fait trompeur qu'ils sortent de leurs corps comme ils veulent et vont partout dans le cosmos.

4- Quel est le sort réservé aux sorciers

Le même sort que celui réservé à Satan et les anges déchus. La Bible est sans appel là-dessus, c'est la condamnation à perpétuité. Ainsi parle le Roi David ! Psaumes58.3 *« Les méchants sont pervertis dès le sein maternel, Les menteurs s'égarent au sortir du ventre de leur mère. 58.4 Ils ont un venin pareil au venin d'un serpent, D'un aspic sourd qui ferme son oreille, 58.5 Qui n'entend pas la voix des enchanteurs, Du magicien le plus habile. »* Le prophète David, l'homme selon le cœur de Dieu nous certifie que ces gens sont égarés dès la naissance. Donc il n'y a rien à faire pour eux, quand je parle ainsi les gens trouvent cela sévère mais c'est important de le faire savoir pour ne pas perdre un temps précieux à vouloir laver le cochon. La seule petite différence entre les sorciers et Satan, le faux prophète et le dragon c'est que les âmes des sorciers Mourront de la deuxième mort alors que le trio cité là sera tourmenté dans le feu éternellement. Cela est dû au fait que les sorciers ont eu une âme qui a été juste pervertie alors que Satan et ses subordonnés n'en ont pas et n'en ont jamais eu. L'esprit ne meurt pas donc, ce célèbre trio du mal sera tourmenté dans un feu qui ne s'éteint pas.

5ème PARTIE : LE CHRISTIEN FACE A LA SORCELLERIE

1- Les Consignes Bibliques

La Bible ne nous permet pas de nous atteler à la sorcellerie, tout au contraire elle nous ordonne de se désolidariser de ce genre de pratiques et ne pas imiter ceux qui le font. 1 Jean 4.*1 « Bien-aimés, n'ajoutez pas foi à tout esprit; mais éprouvez les esprits, pour savoir s'ils sont de Dieu, car plusieurs faux prophètes sont venus dans le monde.* » L'Apôtre Jean veut nous dit de ne pas être des bénis oui-oui. Dès que vous voyez quelqu'un parle au nom de Jésus vous confirmez directement qu'il est de Jésus. C'est cette erreur qui induit les gens à la compromission de nos jours. Comment voulez-vous savoir si un individu qui se dit prophète l'est si vous ne vous interrogez pas sur son *identité spirituelle*. De quoi avez-vous peur ? Vous avez le droit de douter même de Dieu afin qu'il vous démontre qu'il est Dieu et vous le croyez, c'est le but des miracles. Le fait que je t'ai remis une carte de visite mentionnant que je suis pasteur ne t'oblige pas à m'appeler pasteur, car si je suis un faux et tu m'appelle pasteur, tu violes ainsi le deuxième commandement de Dieu en prenant son nom en vain. Vous devez faire très attention, passer tout au crible de la raison. Laisser que Jésus vous dise qui est qui, au lieu de confirmer les titres funestes que vous présentent les sorciers déguisés en anges de lumière. Il est de votre intérêt d'écouter Dieu et obéir, au cas contraire vous serez toujours à l'étau avec le diable.

Eprouvez les esprits sans distinction et sans complaisance! Vous allez me demander comment ? En posant des questions au Seigneur Jésus-Christ sur l'identité des gens avec qui vous voulez vous engager dans une relation d'affaire, d'amour ou de quoi que ce soit d'autre qui se veut sincère et durable. *Seigneur montre-moi qui il est par exemple...* retenez bien ce que je vais vous dire ici concernant le mariage. Si tu es une femme juste et que tu brules de désires pour te marier, tu as intérêt à rester scotchée à Jésus pour qu'il prenne le temps de t'envoyer un époux juste. Mais si tu sautes sur le premier venu, il y a 99% de chances qu'il soit un sorcier, saches que tu as pourri le reste de ta vie. C'est la raison pour laquelle vous entendez tellement de scandales dans la société civile et dans les églises de nos jours. C'est d'ailleurs pour cela que certains pays ont facilité le divorce pourtant condamné par le Bible. Les gens ne mettent pas à la base de leur vie la parole de Dieu, ils s''efforcent de résoudre les problèmes de la vie par leurs propres moyens toujours inefficaces. C'est vice versa pour les hommes qui veulent se marier. Mieux vaut pour toi rester célibataire que d'épouser une sorcière. L'union d'un juste et d'une semence du diable a plus de chance de produire des fruits du diable, je veux dire des enfants sorciers. Le mariage est trop délicat parce que selon Dieu c'est un engagement sans retour.

2- Le Christien et sa famille

Ce qui m'intrigue avec les *'chrétiens'* de nos jours et les êtres humains en général, c'est qu'ils cherchent les sorciers ailleurs et non au bon endroit. Personne ne veut accepter qu'il y ait des sorciers dans sa famille, que son papa ou sa maman, sa tante ou son oncle, bref un ou plusieurs membres de sa famille peuvent être impliqués dans cette histoire sordide. Pourtant la source de la sorcellerie c'est la famille comme le prophète Miché nous le dit dans Michée7.6. Dans la vie courante, c'est le sorcier de ta famille qui donne le coup d'envoi afin que ceux de l'extérieur te fassent du mal. A moins que toi-même tu aies cherché les querelles pour leur sonner un alibi. *Il n'y a pas de sorcellerie inconsciente*, que ce soit ton papa ou ta maman elle sait qu'elle est sorcière et par contre toi qui n'est pas de même nature qu'elle ; vous n'avez pas le même Dieu. Que certains comportements ne vous étonnent pas au sein de votre famille lorsque vous croyez et vous convertissez. D'ailleurs, c'est le sorcier de ta famille associé à celui de ton village qui va te persécuter. Une personne simple ne peut persécuter un croyant. Impossible ! C'est monnaie courante de voir un parent détester son enfant à dépasser les limites, alors on se demande ce que cet enfant a pu faire de si grave au parent en question : La réponse c'est que cet enfant n'a pas pris la sorcellerie lorsqu'il était dans le ventre. Saches que c'est par la volonté de Dieu que cet enfant n'a pas été perverti et que cette bonne semence doit accéder à la vie éternelle. Alors au temps marqué, Dieu l'attire vers son Christ et il se converti. Je le dis en tant que témoignage vivant des victimes de la sorcellerie à outrance dans ma famille, dans ma belle-famille et partout dans les quartiers où j'ai eu à louer. Lorsque la Bible nous interpelle à marcher selon l'esprit pour ne pas accomplir les œuvres de la chair, cela veut dire quoi ? Qu'il faut interroger le Saint-Esprit sur toutes les situations et ne pas laisser les aprioris nous envahir et finir par permettre au diable de nous dominer. En tant que Christien si tu ne reverses pas l'autel familial, tu abats les forteresses familiales, tu fais périr les totems familiaux, qui parle contre toi tu n'avanceras pas efficacement. En tant que serviteur oint si tu ne remporte pas le combat contre les forces occultes traditionnelles de ta famille, tu ne remporteras dans aucune famille autour de toi. Tu ne peux donc pas aller en Mission jusqu'à remporter une victoire. C'est une loi établie par le seigneur jésus… *« Ôtes premièrement la poutre de ton œil avant de vouloir ôter le paille de l'œil de l'autre. »* Comprend ben que la poutre est plutôt dans ton œil… Que veut dire le Seigneur ? C'est le dossier de ta famille qui est le plus colossal et difficile, si tu surmonte celui-là, les autres pour toi seront des jeux d'enfants. Donc commence par balayer devant ta cours pour être le modèle.

3- Le Christien et le monde

Le Christien est dans le monde comme une bonne semence de Jésus-Christ mais il n'est pas du Monde. *Jean17.15 « Je ne te prie pas de les ôter du monde, mais de les préserver du mal. 17.16Ils ne sont pas du monde, comme moi je ne suis pas du monde.* Ce monde est au pouvoir du Malin, je n'ai plus besoin d'insister là-dessus. Il ne faut donc pas imiter le malin et ses disciples. Il ne faut pas suivre le monde dans son mouvement, il ne faut pas se conformer au monde. *Romains12.1 « Je vous exhorte donc, frères, par les compassions de Dieu, à offrir vos corps comme un sacrifice vivant, saint, agréable à Dieu, ce qui sera de votre part un culte raisonnable. 12.2Ne vous conformez pas au siècle présent, mais soyez transformés par le renouvellement de l'intelligence, afin que vous discerniez quelle est la volonté de Dieu, ce qui est bon, agréable et parfait. »* En parcourant la Bible nous trouverons plusieurs autres exhortation semblables qui nous interpellent et nous mettent en garde contre le monde et la ruse du diable.

4- La Vie de sanctification

Jean17.17 « Sanctifie-les par ta vérité: ta parole est la vérité. »
Plusieurs vont se demander comment donc reconnaitre le sorcier et se défaire de lui ? Pour faire table rase de la sorcellerie il faut d'abord être Christien. Car ce n'est qu'en tant qu'enfant de Dieu que tu peux recevoir la révélation divine. Les vrais enfants de Dieu marchent par le Saint-Esprit et non par la vue. Ils ont le discernement grâce à l'assistance perpétuelle de l'Esprit de Jésus-Christ. Le sujet de la sanctification concerne seulement les enfants de Dieu, il s'agit de l'ensemble des pratiques qui permettent de garder la nature sainte de Dieu acquise aux eaux de baptême. Je veux être clair ici pour de nombreuses personnes sincères qui se disent *'chrétiennes'* et qui ne le sont pas à cause des fausses doctrines de nouvelle naissance.

[*Pour commencer en vrai, on ne donne pas sa vie à Jésus ! Jésus n'a jamais dit à quelqu'un donne-moi ta vie ! On ne confesse pas un jésus né le 25 décembre à Rome et on est sauvé, même s'il s'agissait de Jésus de*

Nazareth, la confession ne suffit pas. Il faut être baptisé du vrai baptême d'eau pour être sauvé. Il faut que le charlatanisme là cesse… Ce n'est pas un jeu d'enfants, pour être sauvé il faut que celui qui te baptise soit d'abord un vrai serviteur de Dieu. Ils sont très rares dans le monde et très peu qui exigent le baptême de nos jours – tous ceux-là qui ont été aspergés d'eau – trempé dans les piscines sont des sympathisants du Christianisme. Ceux même à qui on a donné des vêtements dans les milieux sataniques pour les tremper dans les piscines, vos âmes sont enchaînées dans l'eau – vous êtes possédés par la reine des eaux.] Ce que prêchent ces ouvriers de l'iniquité, Francs-Maçons et Rosicruciens, sorcier perdus et condamnés qui égarent la multitude, n'est pas conforme aux Saintes Ecritures. Le vrai Baptême d'eau [*le vrai parce qu'il y a plusieurs faux baptêmes d'eau…verser quelques gouttes d'eau sur la tête n'est pas baptiser ! Tremper les gens dans la piscine ou une cuvette, voire un fût d'eau n'est pas baptiser - C'est de la sorcellerie et tous ceux qui font de la contrefaçon sont des sorciers qui pervertissent les voies de l'Eternel*], est la porte d'entrée du Royaume de Jésus. Il n'y a pas de don de Saint-Esprit si à la base il n'y a pas de vrai baptême. Ce n'est pas un homme qui donne, ce sont les cieux !

Du moment où vous êtes convertis, commencez par reconnaître que la sorcellerie existe et que c'est une mauvaise chose. Commencez par confesser cela sachant qu'il s'agit réellement là, de la nature du diable que vous avez rejeté pour suivre Jésus-Christ. Priez pour que le Seigneur vous délivre du malin comme lui-même a mentionné dans le *'Notre Père'*. Il est essentiel de comprendre que cette prière du *'Notre Père'* n'est pas une récitation, c'est une demande et il faut lister ces ouvriers du malin avant de demander que le Seigneur vous délivre de leur emprise. Alors dans cette situation il faut opérer de manière progressive, vous devez par exemple demander au Seigneur de vous délivrer des sorciers de votre famille – de votre milieu professionnel – de vos amis, connaissances et compagnies – de votre quartier ou village ainsi de suite…

Ainsi demandez au Seigneur de vous révéler les ouvriers et les associés du malin qui est Satan le diable. En priant ainsi chaque fois, non seulement ils vont commencer à vous fuir, d'autres entreront immédiatement ne conflit avec vous. Ne stoppez pas, continuez pour que le Seigneur vous fasse voir qui est qui… Et lorsque vous avez la certitude que tel est sorcier, ce n'est pas pour publier dans les journaux, c'est pour ne rien avoir avec lui de commun parce que vous ne pouvez cheminez ensemble, même si c'est ta maman ou ton papa ou ton frère de sang, ta sœur, ta copine, ton mari etc…

C'est la vie de sanctification qui vous procure la nature divine constamment et vous rend inattaquable et invincible face à Satan. Plus vous vous sanctifiez, plus vous montez en catégorie devant l'Eternel, c'est cela la croissance spirituelle. Dieu veut la qualité de personnes et non la quantité, contrairement à ce que les faux pasteurs veulent démontrer de nos jours. Dieu recherche des vrais adorateurs. C'est la pratique de la sanctification par les membres d'une Assemblée Christienne qui empêche les sorciers d'infiltrer leur assemblée.

- ***C'est quoi donc la sanctification ?***

La Sanctification est le seul processus sui permet à un enfant de Dieu de se charger de la nature divine. *Exodes31.12 « L'Eternel parla a Moise, et dit: 31.13 Parle aux enfants d'Israël, et dis-leur: Vous ne manquerez pas d'observer mes sabbats, car ce sera entre moi et vous, et parmi vos descendants, un signe auquel on connaitra que je suis l'Eternel qui vous sanctifie.* Remarquez ici qu'il ne s'agit pas seulement du sabbat hebdomadaire mais des sabbats, c'est-à-dire les jours fériés annuels ou sabbats annuels qui sont étalés sur les sept premiers mois du Calendrier divin. Il faut d'abord être capable de renoncer au calendrier grégorien pour adopter le divin et comprendre l'importance des sabbats et des fêtes en l'honneur de l'Eternel. En plus des sabbats il y a les nouvelles lunes qui sont des vrais moments de renouvellement de toute chose dans l'univers. Mais Satan a détourné les gens de tout cela pour leur imposer un calendrier maléfique dit Grégorien. Grégoire n'était qu'un petit agent satanique à l'exemple d'autres papes ! Si vous permettez que l'Eternel vous sanctifie, il le fera et on ne trouvera en vous le levain des hypocrites. Pour être concret, pour qu'un sorcier perde sa nature, il faut qu'il soit baptisé conformément aux Saintes Ecritures, qu'il médite la parole et met en pratique tout ce qui y est inscrit. C'est la mise en pratique de toute la Parole de Dieu, l'observance de tous ses commandements, ordonnances et prescriptions. Le noyau de toute ces pratiques étant l'observance du Sabbat, des nouvelles lunes, des Sabbats annuels et des fêtes en l'honneur de L'Eternel. *Exodes 31.14 Vous observerez le sabbat, car il sera pour vous une chose sainte. Celui qui le profanera, sera puni de mort; celui qui fera quelque ouvrage ce jour-là, sera retranche du milieu de son peuple. 31.15 On travaillera six jours; mais le septième jour est le sabbat, le jour du repos, consacre à l'Eternel. Celui qui fera quelque ouvrage le jour du sabbat, sera Puni de mort. 31.16 Les enfants d'Israël observeront le sabbat, en le célébrant, eux et leurs Descendants, comme une alliance perpétuelle. 31.17 Ce sera entre moi et les enfants d'Israël un signe qui devra durer à perpétuité; car en six jours l'Eternel a fait les cieux et la terre, et le septième jour il a cessé son œuvre et il s'est repose. »*

5- *Le Combat spirituel*

La vie Christienne est une vie de combat spirituel, *mais contre qui ?* Vous trouverez la réponse dans les lignes suivantes. Mais ne perdez pas de vue que ces différents esprits sont matérialisés par des personnes vivant au milieu de vous. Les fils du malin. *Ephésiens6.10 « Au reste, fortifiez-vous dans le Seigneur, et par sa force toute-puissante. 6.11 Revêtez-vous de toutes les armes de Dieu, afin de pouvoir tenir ferme contre les ruses du diable. 6.12 Car nous n'avons pas à lutter contre la chair et le sang, mais contre les dominations, contre les autorités, contre les princes de ce monde de ténèbres, contre les esprits méchants dans les lieux célestes. »* Nous comprenons bien que même si le sorcier de notre famille est connu, nous n'avons pas à l'attaquer physiquement mais à le combattre spirituellement. En effet dès que vous commencez à prier et prononcez leurs noms, ils sont au courant et la guerre est ouverte définitivement. *Ephésiens 6.13 « C'est pourquoi, prenez toutes les armes de Dieu, afin de pouvoir résister dans le mauvais jour, et tenir ferme après avoir tout surmonté.* » Il est ainsi clairement établi que le combat spirituel n'est mené que par les enfants de Dieu. Puisqu'il faut le faire avec les armes de Dieu. Dieu ne donnera jamais ses armes à n'importe qui. Et pour devenir enfant de Dieu, il faut se faire baptiser par immersion dans un cours d'eau naturel par un vrai pasteur. C'est clair, toute autre procédure n'est que contrefaçon, c'est pourquoi il y a beaucoup de gens qui se disent chrétien pourtant ils ne le sont pas. La majorité ont vraiment cru, et les brigands leur ont dit que c'est bon, comme ils ont confessé Jésus, ils sont nés de nouveau. Il faut encore savoir ce que c'est que naître de nouveau et quand cela aura lieu. *Ephésiens 6.14 « Tenez donc ferme: ayez à vos reins la vérité pour ceinture; revêtez la cuirasse de la justice;* » C'est Jésus-Christ la Vérité dont vous devez avoir au rein comme ceinture. Et pour avoir Jésus-Christ ainsi il faut être un vrai disciple. Il n'y a pas de place dans le Royaume de Jésus pour les aventuriers. *Ephésiens 6.15 « mettez pour chaussure à vos pieds le zèle que donne l'Évangile de paix;* » Cet aspect du combat est le plus négligé par les enfants de Dieu, l'évangélisation : Ils ne travaillent pas pour le salut, ils considèrent que Dieu est au contrôle et qu'il se bat pour sauver le monde entier. C'est faux ! Dieu attend que ses enfants aillent présenter Jésus aux simples qui sont sous l'influence de Satan, afin qu'il les attire au Christ pour la délivrance et le Salut. *Ephésiens 6.16 « prenez par-dessus tout cela le bouclier de la foi, avec lequel vous pourrez éteindre tous les traits enflammés du malin;* » Sans la foi vous ne pouvez plaire à Dieu. Dans le cadre du combat spirituel vous devez être sereins et fermes dans la foi. Combattre et se comporter en victorieux. *Ephésiens 6.17 « prenez aussi le casque du salut, et l'épée de l'Esprit, qui est la parole de Dieu. »* L'enfant de Dieu doit à tout moment être certain de son état de sauvé, et doit méditer la parole de Dieu tous les jours. D'ailleurs cette parole est l'instrument le plus adéquat pour le combat. C'est elle que vous devez choisir et prononcer fermement et avec autorité sur vos ennemis. Si vous ne priez pas conformément à ce qui est écrit, c'est que vous priez mal. Vous serez déçu quand rien ne se produit. *Ephésiens 6.18 « Faites en tout temps par l'Esprit toutes sortes de prières et de supplications. Veillez à cela avec une entière persévérance, et priez pour tous les saints. »* Priez pour l'Eglise, le corps de Christ au lieu de paresser et dire le Seigneur est au contrôle. Il n'y a plus d'heure pour la prière, c'est en tout temps et en tout lieu. Priez dans le cœur c'est le seul lieu que le diable ne peut sonder. Prier ce n'est pas crier, gesticuler ou réciter. La religieuse prière est un piège pour tout croyant.

6- Le Calendrier Grégorien et les jours de sorcellerie

En tant que Christien il faut comprendre que le Royaume de Dieu a son Calendrier différent de celui du royaume de Monde. Le découpage du jour, de la semaine, du mois et de l'année selon Dieu est totalement différent de celui du monde. Les voies de Dieu ne sont pas vraiment celles du monde. En tant qu'enfant de Dieu, vous devez marcher au rythme de votre Père. Observer le temps selon Dieu vous confère un statut de vainqueur déjà dans le combat spirituel. Car vous anticipez sur les évènements. Selon le récit de la création, le Samedi est le septième jour et le jour commence à la tombée de la nuit. *Genèse1.3 « Dieu dit: Que la lumière soit! Et la lumière fut. 1.4 Dieu vit que la lumière était bonne; et*

Dieu sépara la lumière d'avec les ténèbres. 1.5 Dieu appela la lumière jour, et il appela les ténèbres nuit. Ainsi, il y eut un soir, et il y eut un matin: ce fut le premier jour. » Dimanche étant le premier jour de la création, on part des ténèbres vers la lumière, ce qui fait que le jour commence par le soir *(période de noirceur)* et fini par le matin *(période de clarté.)*

Alors combien de personnes y a-t-il dans ce monde à qui si on donne rendez-vous le dimanche soir ils vont se présenter au lieudit Samedi à la tombée de la nuit ? Infiniment très peu de personnes, parce que la grande majorité est dans l'erreur. La plus part lit la bible comme un conte de fée. De nombreuses personnes y compris des serviteurs de Dieu du Dimanche ne comprennent pas la chronologie des récits Bibliques par manque de connaissance au sujet des repères du temps. Vous allez me demander ce que ça change. Je vous assure que l'observation du temps selon Dieu bouleverse tout. Et vous remet sur les sentiers de Dieu et en ce moment vous pouvez comprendre et interpréter les prophéties bibliques. Parce que dieu fait chaque chose en son temps. Cela veut dire au temps de Dieu et au temps de la chose. *Romains12.2 « Ne vous conformez pas au siècle présent, mais soyez transformés par le renouvellement de l'intelligence, afin que vous discerniez quelle est la volonté de Dieu, ce qui est bon, agréable et parfait. »* Maintenant ce qui me fascine sur le calendrier Grégorien ce sont ces jours de sorcellerie pendant lesquels ces vampires œuvrent très méchamment contre les justes. Ces jours où les sorciers se réunissent, vendent et achètent les âmes, les énergies captées, les dons récoltés, trafiquent tout ce qu'ils ont besoins, se rendent service, soignent les blessés de guerre, se recommandent les uns aux autres, présentent leurs nouveaux produits de destruction massive, officialisent les nouvelles maladies et les propage dans l'atmosphère, échangent des informations entre eux etc. Ici il n'est pas question de race ou de continent, ni de riche ou de pauvre, ni de religion etc. il est question de sorcellerie simplement, je veux dire de fils de Satan car il a des fils parmi tous les peuples et dans toutes les générations: Il y en a neuf observés avec assiduité dans le monde entier par tous les sorciers confondus. Ne sous-estimez pas les sorciers, même les nourrissons, ils savent ce qu'ils font. Voici les jours célèbres du calendrier mondain pendant lesquels ils intensifient leurs activités méchantes la nuit. Au moment où je suis en train de rédiger cette publication un évènement palpable se produit dans le monde pour servir d'exemple.

Le vote du 267ème pape qui a eu lieu le 09 Mai et non le 08 Mais comme dit la presse. Notez bien que la fumée blanche s'est échappée après 18 heures le 08 Mai. En ce moment d'après le calendrier divin, nous sommes le soir du 09 Mai. Les 133 électeurs étaient dans l'obligation de publier le résultat de ce qui était connu d'avance par tous le 09, sinon ils devaient attendre le 18 pour le faire. Car ils ne peuvent le faire un autre jour. Dans ce cas le conclave devait excessivement durer pour rien car il n'y a d'ailleurs pas de vote. C'est Satan qui choisit sur qui il va habiter désormais pour égarer le monde. Ce qui veut dire qu'il est intronisé lla nuit du 09 Mai, *nuit de sorcellerie Mondiale*. La Bible nous révèle que leur marque c'est le 666 (six cent soixante-six) qui fait 18 lettres et don la somme donne encore 18. Mais jésus dis que c'est un Chiffre et pas un nombre. D'après un calcul simple c'est égal un plus huit, ce qui donne 9.

C'est le un nombre d'homme, ce qui veut dire que ces hommes sont le mal incarné. Le chiffre de l'homme étant bien sûr 6.

[Trois jours spéciaux consacrés aux Accidents – Collecte de sang humains – Attentats – Sacrifices humains – Crimes – lancement officielles des maladies qui tuent comme le VIH SIDA, EBOLA, COVID19 etc. ce sont : Le5 – Le14 – Le23]

[Six jours spéciaux consacrés à d'autres formes de méchanceté et de manifestations à caractère maléfiques ou exotériques – Conclusion des alliances sataniques -Tenue officielle des grands sommets - Dominations – Inaugurations – Intronisations – Visites officielles – Empoisonnements - Attaques spirituelles – etc. ce sont : Le6 – Le9 – Le15 – Le18 – Le24 – Le27 ce qui renvoie au 666]

Maintenant, vous devez prendre le temps de les observer, à l'échelle national qu'internationale. Vous devez aussi comprendre que les sorciers siègent tard dans la nuit, font des incantations qui vont s'accomplir dès le petit matin. Et que pour les vaincre il faut prier à la tombée de la nuit par anticipation sur leurs œuvres. Maintenant après avoir prié, il faut dormir, la nuit est faite pour dormir, dormez, ne soyez pas comme les oies des églises réveillées qui saccagent toute la nuit soit disant qu'ils découpent le diable. Dormez profondément pour que Dieu puisse vous parler en songe ou en vision. Du moment où Dieu vous a révélé ce qu'ils ont fait en cachette, au réveil, vous annulez tout cela avec autorité en une poignée de minutes.

Maintenant comprenez une autre vérité liée à l'observance du temps, c'est que ces jours de sorcellerie sont liés au calendrier Grégorien, on ne les observe pas sur le calendrier Divin. C'est le diable qui en est l'instituteur. De telle sorte que quand ces jours tombent le samedi, ils renvoient leur rencontre au jour suivant observant aussi le sabbat de l'Eternel. Satan appelle Jésus-Christ Seigneur !

7- Le Combat de l'Eglise

L'Eglise de Jésus-Christ encore appelée Eglise du Dieu vivant est constituée de l'ensemble de personne vivant dans sur terre qui ont le Fils de Dieu, Jésus-Christ en eux. Ce qui veut dire que dans le monde, nous avons essentiellement trois catégories de personnes. Les sorciers, les personnes simples qui n'ont pas Jésus en eux et les enfants de Dieu. L'évangile s'adresse à la deuxième catégorie, les simples : car les sorciers n'ont pas part au salut, ils le savent et s'en foutent du salut comme leur père. Ils sabotent même le salut. Le vrai Dieu est trop sélectif, ne vous amusez pas en négligeant sa parole. Même en tant qu'enfant de Dieu vous devez travailler pour votre salut final de peur de croiser les bras et vous laisser entraîner dans la désobéissance et perdre un si grand privilège. L'Eglise de Jésus-Christ n'est pas une dénomination ni une organisation humaine, c'est un organisme vivant à la tête duquel règne le Christ. Elle a besoin de nos jours d'être conservée sainte et irréprochable. Pour ce fait elle doit se démarquer des dénominations dites chrétiennes par des pratiques saines et conformes aux Saintes Ecritures. L'Eternel est son berger et son vigneron. *Esaïe 27.2 « En ce jour-là, Chantez un cantique sur la vigne. 27.3 Moi l'Eternel, j'en suis le gardien, Je l'arrose à chaque instant; De peur qu'on ne l'attaque, Nuit et jour je la garde. 27.4 Il n'y a point en moi de colère; Mais si je trouve à combattre des ronces et des épines, Je marcherai contre elles, je les consumerai toutes ensemble, 27.5*

A moins qu'on ne me prenne pour refuge, Qu'on ne fasse la paix avec moi, qu'avec moi, on ne fasse la paix. 27.6 Dans les temps à venir, Jacob prendra racine, Israël poussera des fleurs et des rejetons, Et il remplira le monde de ses fruits. » Dieu est saint, son Eglise doit être sainte. Les sorciers prennent toujours de l'avance sur les simples et les enfants de Dieu à cause des serviteurs qui ne connaissent pas la différence entre leurs pieds gauches et leurs pieds droits. L'Eglise de Jésus-Christ doit observer la LOI qui de nos jours a laissé la place à un semblant de grâce. Si le péché se définit comme la transgression de la LOI, et que les enfants de Dieu observent le dimanche, noël, pâques etc. Vous me direz que c'est par la grâce ? *1Samuel15.23 « Car la désobéissance est aussi coupable que la divination, et la résistance ne l'est pas moins que l'idolâtrie et les theraphims. Puisque tu as rejeté la parole de l'Eternel, il te rejette aussi comme roi. »*

8- Bon à Savoir…

Le meilleur moyen pour vous défaire de la sorcellerie, c'est de croire en Jésus-Christ et se faire baptiser du baptême de Jean. C'est lui seul qui offre une garantie dans le combat de la vie. Parce que la vie est un combat à cause des forces du mal. Si Satan et ses serviteurs les sorciers n'existaient pas, tout serait merveilleux dans ce monde. Mais du moment où ces entités existent et en ont droit, il est conseillé de prendre plutôt des bonnes, durables et efficaces dispositions pour les éviter au maximum. Jésus-Christ est le chemin, la vérité et la vie, lui seul procure une assurance totale à quiconque met en lui sa confiance. *Actes2.38 « Pierre leur dit: Repentez-vous, et que chacun de vous soit baptisé au nom de Jésus Christ, pour le pardon de vos péchés; et vous recevrez le don du Saint Esprit. 2.39 Car la promesse est pour vous, pour vos enfants, et pour tous ceux qui sont au loin, en aussi grand nombre que le Seigneur notre Dieu les appellera. 2.40 Et, par plusieurs autres paroles, il les conjurait et les exhortait, disant: Sauvez-vous de cette génération perverse. 2.41Ceux qui acceptèrent sa parole furent baptisés; et, en ce jour-là, le nombre des disciples s'augmenta d'environ trois mille âmes. 2.42Ils persévéraient dans l'enseignement des apôtres, dans la communion fraternelle, dans la fraction du pain, et dans les prières. »* Mais faites attention, on ne baptise pas dans la piscine ni dans une cuve ou un étang d'eau artificielle, je veux dire faite des mains d'homme. C'est Dieu le créateur de l'homme, il n'habite donc pas dans des choses faites des mains d'homme. Tous ces pasteurs et prêtres qui banalisent le baptême d'eau et aspergent même l'eau sur le font, appelant cela baptême sont des faux prophètes, des sorciers.

Le secret est dans le Psaumes23 que les gens récitent par cœur amis ignorent totalement la véracité de sa signification. Il faut que Jésus-Christ soit votre Berger. *Psaumes23.1 «Cantique de David. L'Eternel est mon berger: je ne manquerai de rien. 23.2 Il me fait reposer dans de verts pâturages, Il me dirige près des eaux paisibles. 23.3 Il restaure mon âme, Il me conduit dans les sentiers de la justice, A cause de son nom. 23.4 Quand je marche dans la vallée de l'ombre de la mort, Je ne crains aucun mal, car tu es avec moi: Ta houlette et ton bâton me rassurent. 23.5 Tu dresses devant moi une table, En face de mes adversaires; Tu oins d'huile ma tête, Et ma coupe déborde. 23.6 Oui, le bonheur et la grâce m'accompagneront Tous les jours de ma vie, Et j'habiterai dans la maison de l'Eternel Jusqu'à la fin de mes jours. »*

CONCLUSION

Comme je l'ai démontré dans les pages de ce livre, le dossier de la sorcellerie n'épargne personne. Le désordre est entré dans le monde depuis le jardin d'Eden et ne peut prendre fin qu'avec la condamnation de l'impie et la destruction de cette terre. A la fin des temps, Dieu moissonnera son champ, pour le moment, l'ivraie doit croître avec le blé. Au sein de la cellule familiale, de la communauté, de la nation ou du continent. La présence des fils du malin dans le monde avec tout ce que la Bible leur impute, devrait plutôt inciter ardemment les justes à s'attacher fortement à leur Père. Le moment est déjà là où la tribulation va s'abattre sur le monde pour éprouver les habitants de la terre. Heureux ceux qui vont vaincre à cette heure. Les Hommes de ce siècle s'attachent plutôt au matériel et sont prêt à perdre leur âme car ils ne connaissent pas sa valeur. Vous devez avoir l'honnêteté intellectuelle d'accepter que la sorcellerie est la pire des choses que l'humanité peut connaître et que parmi les membres de votre famille il peut avoir des fils du malin qui chercheront toujours à vous barrer la voie du salut. Vous devez chercher constamment la face de Dieu pour survivre au milieu des sorciers qui sont très nombreux et partout que les justes. Vous devez non seulement vous exercer au combat spirituel contre Satan et les esprits méchants présents dans les lieux célestes, mais aussi prendre au sérieux le combat contre les sorciers. Comprenez bien que du Moment où les humains existent, c'est la présence des sorciers dans le monde qui rend l'action méchante de Satan efficace. Il en est de même de l'action de Dieu, ce sont ses vrais serviteurs qui rendent son action bienfaisante efficace à l'égard de son peuple disséminé dans le monde.

Détectez les fils du malin et ne formez pas d'attelage disparate avec eux. La coopération avec le méchant finit toujours mal pour le juste. On ne peut pas aimer le sorcier ! Vous lui tendez la main il prend tout le bras. Vous ne retirez pas vite le bras, il prend tout le corps. Soyez fervents d'esprit et tâchez de comprendre que ce qu'on appelle vivre ensemble aujourd'hui est une formule diabolique pour vous emmener à vous compromettre. Nous vivons déjà ensemble avec les sorciers sur la terre, c'est largement suffisant, mais qu'ils soient de leur côté. Vous êtes bénis au nom Puissant de Jésus-Christ. Que l'Eternel tourne sa face vers vous et vous accorde son salut ! Je vous laisse méditer le psaume cantique pour le jour du sabbat car c'est en sanctifiant les sabbats et en pratiquant toute la parole comme le Seigneur l'a ordonné que j'ai crevé l'abcès de la sorcellerie. *Psaumes92.1 « (92:1) Psaume. Cantique pour le jour du sabbat. (92:2) Il est beau de louer l'Eternel, Et de célébrer ton nom, o Très Haut! (92:3) D'annoncer le matin ta bonté, Et ta fidélité pendant les nuits, (92:4) Sur l'instrument a dix cordes et sur le luth, Aux sons de la harpe. (92:5) Tu me réjouis par tes œuvres, o Eternel! Et je chante avec allégresse l'ouvrage de tes mains. (92:6) Que tes œuvres sont grandes, o Eternel! Que tes pensées sont profondes! (92:7) L'homme stupide n'y connait rien, Et l'insensé n'y prend point garde. (92:8) Si les méchants croissent comme l'herbe, Si tous ceux qui font le mal fleurissent, C'est pour être anéantis à jamais. (92:9) Mais toi, tu es le Très Haut, A perpétuité, o Eternel! (92:10) Car voici, tes ennemis, o Eternel! Car voici, tes ennemis périssent; Tous ceux qui font le mal sont disperses. (92:11) Et tu me donnes la force du buffle; Je suis arrose avec une huile fraiche. (92:12) Mon œil se plait à contempler mes ennemis, Et mon oreille à entendre mes méchants adversaires. (92:13) Les justes croissent comme le palmier, Ils s'élèvent comme le cèdre du Liban. (92:14) Plantes dans la maison de l'Eternel, Ils prospèrent dans les parvis de notre Dieu; (92:15) Ils portent encore des fruits dans la vieillesse, Ils sont pleins de sève et verdoyants, (92:16) Pour faire connaitre que l'Eternel est juste. Il est mon rocher, et il n'y a point en lui d'iniquité. »*

Par contre si vous n'êtes pas encore Christien dans le vrai sens du terme, c'est-à-dire : *baptisé par immersion totale dans un cours d'eau naturel par un vrai pasteur*...Je vous conseille la lecture et la méditation du *Psaume 119.* Cent dix-neuf c'est 11, c'est 2 : Sa méditation t'introduit dans un engagement irréversible envers DIEU. Une affaire qui ne concerne que vous deux. Vous et lui ! Quant à moi personnellement, au NON DE JESUS-CHRIST J'AI VAINCU LA SORCELLERIE.

yes I want morebooks!

Buy your books fast and straightforward online - at one of world's fastest growing online book stores! Environmentally sound due to Print-on-Demand technologies.

Buy your books online at
www.morebooks.shop

Achetez vos livres en ligne, vite et bien, sur l'une des librairies en ligne les plus performantes au monde!
En protégeant nos ressources et notre environnement grâce à l'impression à la demande.

La librairie en ligne pour acheter plus vite
www.morebooks.shop

info@omniscriptum.com
www.omniscriptum.com

Printed by Books on Demand GmbH, Norderstedt / Germany